Teresa A. K. Kaya, Thomas Mäule

Dr. Antonie Kraut (1905 – 2002)

Eine Stuttgarter Pionierin und
Gründerin der Evangelischen Heimstiftung

Evangelische Heimstiftung,
Diakoniewissenschaftliches Institut der Universität Heidelberg (Hg.)

Die Autorin Dr. Teresa A. K. Kaya

Teresa A. K. Kaya, Dr. phil., studierte Diakoniewissenschaft, Medien- und Kommunikationswissenschaft sowie Amerikanistik in Marburg, Mannheim, Prag und Heidelberg. Zwischen 2016 und 2018 erforschte sie - als wissenschaftliche Mitarbeiterin des Diakoniewissenschaftlichen Instituts der Universität Heidelberg und im Auftrag der Evangelischen Heimstiftung - Leben und Wirken von Dr. Antonie Kraut. „Da war eine Neugierde und Freude darauf, was ich entdecken würde über dieses besondere Lebenswerk der als ‚Grande Dame' der Diakonie beschriebenen Frau. Gleichzeitig hatte ich großen Respekt und eine gewisse Ehrfurcht vor dieser Mammutaufgabe. Denn es ist eine besondere Herausforderung, eine Persönlichkeit, die bereits verstorben ist, für andere wieder lebendig zu machen. Die Monate auf den Spuren Antonie Krauts waren Monate vieler bereichernder Begegnungen. Nach wie vor ist Antonie Kraut präsent in den zahlreichen Erinnerungen von ehemaligen Mitarbeitern, in diversen Schriftstücken und in den Medien".

Teil 1

„Helfen, wo geholfen werden muss." Mutig sein, hinsehen, sich einmischen, für Hilfebedürftige eintreten – das ist Antonie Kraut. Eine Stuttgarter Pionierin und Gründerin der Evangelischen Heimstiftung. „Helfen, wo geholfen werden muss." Mutig sein, hinsehen, sich einmischen, für Hilfebedürftige eintreten – das ist Antonie Kraut. Eine Stuttgarter Pionierin und Gründerin der Evangelischen Heimstiftung. „Helfen, wo geholfen werden muss." Mutig sein, hinsehen, sich einmischen, für Hilfebedürftige eintreten – das ist Antonie Kraut. Eine Stuttgarter Pionierin und Gründerin der Evangelischen Heimstiftung. „Helfen, wo geholfen werden muss." Mutig sein, hinsehen, sich einmischen, für Hilfebedürftige eintreten – das ist Antonie Kraut. Eine Stuttgarter Pionierin und Gründerin der Evangelischen Heimstiftung. „Helfen, wo geholfen werden muss." Mutig sein, hinsehen, sich einmischen, für Hilfebedürftige eintreten – das ist Antonie Kraut. Eine Stuttgarter Pionierin und Gründerin der Evangelischen Heimstiftung. „Helfen, wo geholfen werden muss." Mutig sein, hinsehen, sich einmischen, für Hilfebedürftige eintreten – das ist Antonie Kraut. Eine Stuttgarter Pionierin und Gründerin der Evangelischen Heimstiftung. „Helfen, wo geholfen werden muss." Mutig sein, hinsehen, sich einmischen, für Hilfebedürftige eintreten – das ist Antonie Kraut. Eine Stuttgarter Pionierin und Gründerin der Evangelischen Heimstiftung. „Helfen, wo geholfen werden muss." Mutig sein, hinsehen, sich einmischen, für Hilfebedürftige eintreten – das ist Antonie Kraut. Eine Stuttgarter Pionierin und Gründerin der Evangelischen Heimstiftung. „Helfen, wo geholfen werden muss." Mutig sein, hinsehen, sich einmischen, für Hilfebedürftige eintreten – das ist Antonie Kraut. Eine Stuttgarter Pionierin und Gründerin der Evangelischen Heimstiftung. „Helfen, wo geholfen werden muss." Mutig sein, hinsehen, sich einmischen, für Hilfebedürftige eintreten – das ist Antonie Kraut. Eine Stuttgarter Pionierin und Gründerin der Evangelischen Heimstiftung. „Helfen, wo geholfen werden muss." Mutig sein, hinsehen, sich einmischen, für Hilfebedürftige eintreten – das ist Antonie Kraut. Eine Stuttgarter Pionierin und Gründerin der Evangelischen Heimstiftung. „Helfen, wo geholfen werden muss." Mutig sein, hinsehen, sich einmischen, für Hilfebedürftige eintreten – das ist Antonie Kraut. Eine Stuttgarter Pionierin und Gründerin der Evangelischen Heimstiftung. „Helfen, wo geholfen werden muss." Mutig sein, hinsehen, sich einmischen, für Hilfebedürftige eintreten – das ist Antonie Kraut. Eine Stuttgarter Pionierin und Gründerin der Evangelischen Heimstiftung. „Helfen, wo geholfen werden muss." Mutig sein, hinsehen, sich einmischen, für Hilfebedürftige eintreten – das ist Antonie Kraut. Eine Stuttgarter Pionierin und Gründerin der Evangelischen Heimstiftung. „Helfen, wo geholfen werden muss." Mutig sein, hinsehen, sich einmischen, für Hilfebedürftige eintreten – das ist Antonie Kraut. Eine Stuttgarter Pionierin und Gründerin der Evangelischen Heimstiftung. „Helfen, wo geholfen werden muss." Mutig sein, hinsehen, sich einmischen, für Hilfebedürftige eintreten – das ist Antonie Kraut. Eine Stuttgarter Pionierin und Gründerin der Evangelischen Heimstiftung. „Helfen, wo geholfen werden muss." Mutig sein, hinsehen, sich einmischen, für Hilfebedürftige eintreten – das ist Antonie Kraut. Eine Stuttgarter Pionierin und Gründerin der Evangelischen Heimstiftung. „Helfen, wo geholfen werden muss." Mutig sein, hinsehen, sich einmischen, für Hilfebedürftige eintreten – das ist Antonie Kraut. Eine Stuttgarter Pionierin und Gründerin der Evangelischen Heimstiftung. „Helfen, wo geholfen werden muss." Mutig sein, hinsehen, sich einmischen, für Hilfebedürftige eintreten – das ist Antonie Kraut. Eine Stuttgarter Pionierin

Der Autor Dr. Thomas Mäule

Thomas Mäule, Dr. theol., Gerontologe (FH) und Sozialmanager (M.A.) ist Pfarrer bei der Evangelischen Heimstiftung GmbH in Stuttgart und leitet die Stabsstelle „Theologie & Ethik". Anlässlich des 65-jährigen Bestehens der Heimstiftung entstand ein Film, der an die Gründerin erinnert. „Seit den Recherchen zu diesem Filmprojekt hat mich die Stuttgarter Pionierin fasziniert. Antonie Kraut hat Fundamente gelegt, die heute noch sichtbar und spürbar sind. Sie gehört in die Reihe diakonischer Väter und Mütter, für die Glaube und Liebe, Mission und Diakonie, Diakonie und Politik unauflöslich zusammengehören. Sie ist eine Jahrhundertfrau, die wusste, worauf es ankommt. An Antonie Kraut zu erinnern heißt, Diakonie zu provozieren: bei der Vergewisserung des Auftrags in einer veränderten Zeit; bei der Frage nach dem Eigentlichen unseres Wirkens; bei der Spurensuche, was die Seele des Sozialen quicklebendig hält. Die Vergegenwärtigung setzt Phantasie und Kraft frei für eine neue Kultur des Helfens."

Teil 2

Inhaltsverzeichnis

Inhaltsverzeichnis

Vorwort Bernhard Schneider, Johannes Eurich

Gründungspersönlichkeiten prägen und dominieren mit ihren Ideen den Beginn eines neuen Unternehmens. Dr. Antonie Kraut war maßgeblich an der Gründung der Evangelischen Heimstiftung (EHS) 1952 beteiligt. Ihr selbstgewähltes Motto „Helfen, wo geholfen werden muss" hat sowohl ihr Leben als auch die Organisation geprägt und angeleitet. Damals wie heute sind Menschen von Antonie Krauts beeindruckender Persönlichkeit, ihrer Tatkraft, ihrer innovativen Ideen sowie ihrer gehörigen Portion Humor inspiriert. In einer biografischen Studie wird sie als Führungs- und Privatperson dargestellt. Entwicklungen, die zur Gründung der Evangelischen Heimstiftung geführt haben, werden nachgezeichnet.

Das Erbe Antonie Krauts zu bedenken bedeutet, weder rückwärtsgewandte Nostalgie noch selbstzufriedene Rückschau. Vielmehr geschieht dies mit wachem Blick auf heutige Bedürfnisse und Herausforderungen. Was Diakonie braucht ist handlungsleitende Vergewisserung ihres Auftrags in einer veränderten Zeit. Dabei kann die geschichtliche Erinnerung nicht die allzeit gültigen Kopiervorlagen bieten. Aber sie führt auf Traditionen, die die Frage nach dem Grund diakonischer Arbeit wachhalten. An Antonie Kraut zu erinnern dient auch dem Ziel, Diakonie zu provozieren. Die EHS steht nicht als bleibende Größe in der Fortschreibung des Beste-henden fest. Sie muss provoziert werden, auch durch ihre eigene Tradition. Dieser spannungsvollen Aufgabe haben sich Dr. Teresa Kaya und Dr. Thomas Mäule aus diakonischer Theorie und Praxis gewidmet.

Die Entstehung dieses Gemeinschaftsprodukts trägt diakonietypische Züge. In Koproduktion von Diakoniewissenschaftlichem Institut (DWI) der Universität Heidelberg und EHS wurden Leben und Wirken von Antonie Kraut (1905-2002) erforscht. „Vernetzt" wurden lokale Spurensuche und Zeitzeugeninterviews, Archiv- und Literaturrecherche. Zentrale Bezugsgröße waren Gespräche mit Mitarbeitern, Kollegen und Familienangehörigen. Die Gründungsgeschichte der EHS ist eben nicht allein Geschichte einer ehrenamtlichen Vorsteherin. Die Perspektiven der Betroffenen sind einzubeziehen, ebenso Fragestellungen und Forschungsergebnisse der Sozial- und Gesellschaftsgeschichte. Befragt wurden noch lebende Bezugspersonen von Einrichtungen, Diakonischen Werken und Diensten der Inneren Mission und des Evangelischen Hilfswerks. Die vorliegende biografische Studie ist Geschichte im „Alltag der Welt" – anders gesagt: Geschichte von „unten".

Drei Perspektiven – die persönliche, organisationale und wissenschaftliche – ergänzen sich in diesem Buch, und dies in unmittelbar ansprechender und überzeugender Weise. Dabei versteht es Teresa Kaya, anhand zahlreicher Interviews ein lebendig und anschaulich geschriebenes Buch entstehen zu lassen, das nicht nur unterhaltsam informiert, sondern das auch persönlich berührt und bewegt.

In einem zweiten Teil zeigt Thomas Mäule: es gibt viel Aufbruch und Neubeginn in der EHS, die Phantasie und Kraft freisetzen. Es gibt Aufgeschlossenheit und Bereitschaft, Verantwortung zu übernehmen. Engagement, Spiritualität und Gemeinschaft, die die EHS von Anfang an geprägt haben, sind heute ebenso spürbar. Die Seele des Sozialen ist quicklebendig.

Für ihre Bereitschaft, zu diesem Buch beizutragen, ist allen Beteiligten zu danken. Den Autoren, den Zeitzeugen aus Mitarbeiterschaft, Kollegenkreis und Familie. Für ein Buch genügt es nicht, Impulse zu bekommen und Wissen zu sammeln. Es muss zwischen Betroffenenorientierung und Verbandshistoriographie, zwischen Traditionsvergewisserung und Traditionskritik verortet werden. Und es muss konzeptioniert und gelayoutet, diskutiert und gegengelesen werden. Allen, die mitgewirkt haben, gebührt unser Dank für das schöne Buch.

Wir wünschen uns eine lebhafte Auseinandersetzung mit den Ergebnissen der Spurensuche und inspirierende Impulse für die Zukunft der EHS. Viel Vergnügen bei der Lektüre.

Im Juli 2018
Bernhard Schneider, Johannes Eurich

Das Lebenswerk von Frau Dr. Antonie Kraut auf Papier zu bringen war eine spannende Herausforderung. Zahlreiche Notizen und Informationen aus Schriftstücken über Antonie Kraut und viele Erinnerungen ihrer Wegbegleiter bildeten die Grundlage für das Portrait einer außergewöhnlichen und nach wie vor präsenten Frau. Antonie Kraut, die fast ein ganzes Jahrhundert erlebte, war nicht nur dabei, sondern mittendrin.

Anfang des 20. Jahrhunderts als fünftes Kind in eine wohlsituierte Stuttgarter Juristenfamilie hineingeboren, geprägt vom tiefen Glauben und aktiven politischen Engagement ihres Elternhauses, war sie im Erwachsenenalter nach erfolgreicher Promotion sowohl als hauptamtliche wie auch ehrenamtliche Akteurin in vielfältigen Positionen in der württembergischen Landeskirche tätig. Die Beständigkeit und Verbundenheit Antonie Krauts mit der württembergischen Landeskirche und den diakonischen Institutionen sowie ihre Leidenschaft für das Sozialrecht ziehen sich wie ein roter Faden durch ihr Leben. Ganze 26 Jahre hatte Antonie Kraut die Position als Geschäftsführerin zunächst im württembergischen

Leben &

Landesverband der Inneren Mission (LVIM) und schließlich im Diakonischen Werk Württemberg (DWW) zwischen 1945 bis 1971 inne, und sogar 33 Jahre lang war sie ehrenamtlich im Vorstand der EHS tätig.[1] Bis ins hohe Alter lag ihr die Evangelische Heimstiftung, die sie im Jahr 1952 mitgründete, besonders am Herzen.

Die Retrospektive auf Dr. Antonie Krauts Biografie zeigt das klare Bild einer selbstbewussten, vornehm distanzierten, aber gleichzeitig herzlichen Frau, die mit beiden Beinen fest im Leben stand und sich stets engagiert für das einsetzte, woran sie glaubte. Mit ihrer fürsorglichen Art wurde sie für viele zur Mutterfigur. Mit ihrer unverwechselbaren, eindrücklichen (Führungs-)Persönlichkeit nahm sie konkreten – und nachhaltigen – Einfluss auf die kirchlichen und diakonischen Einrichtungen, in denen sie wirkte.

Antonie Kraut hatte zweifelsohne nicht nur ein bewegtes, sondern auch ein bewegendes Leben.

Wirken

1. Jedem Ende wohnt ein Anfang inne

> „Wo um der Liebe Gottes und des Erbarmens Jesu willen der Elende ruft, da ist die Kirche zur Hilfe verpflichtet, gleichviel, ob der Staat diesen Dienst unterstützt oder verbietet."[2]
> Central-Ausschuss der Inneren Mission (1950)

Stuttgart im Nachkriegsdeutschland: Nur langsam erholten sich die Bewohner der württembergischen Hauptstadt von der zerstörerischen Kraft des Krieges, der jahrelang die ganze Welt erschütterte. Die Zustände in Württemberg und insbesondere in Stuttgart waren verheerend. Die Nöte der Überlebenden waren groß und existenzieller Natur. Familien und Freunde waren im Laufe der Kriegsjahre auseinandergerissen worden, Nachbarn plötzlich spurlos verschwunden und zahlreiche Kinder mit Behinderungen angeblich an Lungenentzündungen gestorben. Dass die Mehrzahl der Deutschen die NSDAP gewählt hatte, bedeutete für viele die existentielle Katastrophe. Viele luden Schuld auf sich.

> „Ich denke, jeder von uns hat diese Jahre anders erlebt, hatte andere Siege und andere Niederlagen, andere Erinnerungen und andere Sorgen, aber keiner wird sagen können, er sei ohne Schuld und ohne Fehler durch die Zeiten gekommen."[3]

Diejenigen, die dem Regime kritisch gegenüberstanden, führten ein Leben in ständiger Sorge negativ aufzufallen und – im günstigen Fall – in ein Arbeitslager verbannt zu werden. Viele wurden sofort hingerichtet oder mussten noch elend lange Gerichtsverhandlungen über sich ergehen lassen, die lediglich pro forma abgehalten wurden und deren tödliches Ende für die Angeklagten meist absehbar war. Die Männer, die sich nicht freiwillig zum Wehrdienst gemeldet hatten, wurden größtenteils eingezogen und Millionen waren infolge des Krieges gestorben.

> „1945 war Kriegsende, alles am Boden. Viele Männer waren noch in Gefangenschaft oder arbeitslos zunächst."[4]

Diejenigen, die von der Front oder aus Gefangenschaft zurückkehrten, hatten Schreckliches erlebt und waren häufig stark traumatisiert. Die Kriegsgeneration war nachhaltig von den Erlebnissen geprägt, wie Antonie Kraut festhielt:

„Erinnerung an die Verhältnisse in unserem Land in den Jahren nach Kriegsende 1945 und die Vergegenwärtigung der damaligen Zustände fällt uns nicht leicht.

Das zerstörte Stuttgart nach Kriegsende

(...) Die größeren Städte weitgehend zerstört, die Eisenbahn ebenso, z.B. war der Verkehr der Bahn von Ulm nach Stuttgart in Göppingen zu Ende und begann erst wieder in Kornwestheim, die landwirtschaftliche Produktion sehr eingeschränkt und damit auch die Versorgung vor allem der städtischen Gebiete mit Lebensmitteln recht mangelhaft."[5]

Die Evangelische Kirche und ihre sozialen Hilfeeinrichtungen, wie die Innere Mission, mussten sich während der NS-Zeit zahlreichen schwierigen Situationen stellen. Innerhalb der Kirche reichten die Haltungen zur NS-Ideologie von Übereinstimmung, Anpassung, Mitläufertum, stillem Ertragen bis zu Aktionen des Widerstands:

„Die Zeit des Nationalsozialismus war für viele Menschen, die die Nächstenliebe auf ihre Fahne geschrieben hatten, eine Zeit der Ohnmacht. Einige haben dennoch unter Einsatz ihres eigenen Lebens versucht, Menschen vor dem sicheren Tod zu retten. (...) Die Zeit des Nationalsozialismus gehört zu den schlimmsten Perioden der deutschen Geschichte. Ihre Geschehnisse waren ein solcher Schlag in das Gesicht von Humanität, Zivilisation und Anstand, dass wir uns an diese Zeit immer wieder erinnern müssen."[6]

Um den Hilfebedürftigen in entsprechendem Ausmaß helfen zu können, mussten die evangelische Kirche und die diakonischen Institutionen zu einer stabilen Identität (zurück-)finden und das Vertrauen der Menschen in ihre Institutionen wiedergewinnen.

Der württembergische Landesbischof Theophil Wurm[7] setzte sich stark für eine einheitliche Ordnung einer Evangelischen Kirche Deutschland (EKD) ein und wurde später der erste Ratsvorsitzende der EKD. Er betonte die Chance des Neuanfangs für die Kirche und propagierte vor allem gegenseitige Vergebung und aktives Hilfehandeln.[8]

Bedürftige auf den Straßen Stuttgarts

Theophil Wurm

Angesichts all des Elends bedurfte es Menschen mit Visionen, die voller Tatendrang eine neue Zukunft gestalten konnten:

„In diesem totalen Zusammenbruch, der auch viele Werke der Inneren Mission nicht verschonte, haben viele Menschen resigniert und sind verzweifelt. In der Öffentlichkeit und in der Kirche hielt man Ausschau nach Persönlichkeiten, denen man die Kraft und den Mut zutrauen konnte, Hand anzulegen, um Raum für neues Leben in der Zukunft zu schaffen."[9]

Und man wurde fündig: Antonie Kraut sollte eine herausragende Rolle in der Geschichtsschreibung diakonischer Einrichtungen der württembergischen Landeskirche einnehmen. Antonie Kraut kann damit neben Paul Collmer[10], Eugen Gerstenmaier[11] sowie Gotthilf Vöhringer[12] genannt werden – weiteren bedeutsamen Persönlichkeiten der ersten Stunde des Wiederaufbaus.

Trotz der schwierigen Verhältnisse und der schrecklichen Erlebnisse hatten sie nie ihre Visionen für die evangelische Kirche im Nachkriegsdeutschland aus den Augen verloren. Im Gegenteil, sie hatten selbst in aussichtslos erscheinenden Zeiten aktiv an konkreten Konzepten für die Kirche und ihre sozialen Einrichtungen nach Kriegsende gearbeitet und hatten gemeinsam, dass sie dem Nationalsozialismus auf ihre ihnen jeweils mögliche Weise Widerstand geleistet haben. Somit hatten sie auch keine gerichtliche Verfolgung durch die Alliierten zu fürchten – eine grundlegende Voraussetzung für jegliches aktive Handeln zu dieser Zeit.[13]

Paul Collmer, der seit seiner Jugendzeit durch die Mitgliedschaft im CVJM stark mit der Kirche verwurzelt war, hatte jüdischen Mitbürgern bei der Flucht geholfen. Er versteckte zeitweise sogar im eigenen Elternhaus Verfolgte – sehr zum Schrecken seiner Mutter:

„Seine Mutter starb fast vor Angst, als Paul heimlich anfing, zeitweise sowohl im Keller als auch auf dem Dachboden seines Elternhauses in der Kleinstraße 25 in Stuttgart verfolgte Juden zu beherbergen, beziehungsweise deren Möbel unterzustellen. Aber Paul sagte ihr, es müsse sein."[14]

Die Sorge seiner Mutter war, wie sich später herausstellen sollte, realistische Vorahnung, denn aufgrund seines persönlichen Einsatzes für Verfolgte wurde er im Januar 1943 verhaftet. Nachbarn hatten ihn bei der Gestapo angezeigt und Collmer wurde schließlich als Schutzhäftling ins KZ Dachau gebracht.[15]

Mit seinem Freund Eugen

Paul Collmer

Eugen Gerstenmaier

Gotthilf Vöhringer

Gerstenmaier tauschte sich Collmer häufig und sehr direkt über die politische Situation aus. Obwohl Collmer gegen jegliche Art von Gewalt war, war er sich mit Gerstenmaier darüber einig, dass Hitler um jeden Preis zu entmachten sei: „Solange ich denken kann, war mein Freund Paul kein Freund der Waffen. Zeitweilig hielt ich ihn für einen Pazifisten, und immer war er mir ein Vorbild an Geduld und Sanftmut. Indessen war er einer der ersten ganz Gewissenhaften, mit denen ich früh schon davon zu reden wagte: Der Hitler muss weg! Wenn es nicht anders geht, mit Mord!"[16]

Flüchtlingsfamilie aus Ostpreußen auf ihrem Treck durch Württemberg

Eugen Gerstenmaier war am offensivsten in den politischen Widerstand eingebunden. Der studierte Theologe setzte sich bereits während seines Studiums öffentlich dagegen ein, einen Vertrauten Hitlers zum Reichsbischof zu ernennen. Als dieser Vertraute später dann tatsächlich Reichsbischof war, forderte er aktiv dessen Rücktritt, was ihn für einige Zeit ins Gefängnis brachte.[17]
Er war es auch, der Collmer mit dem so genannten Kreisauer Kreis – eine Widerstandsgruppe, die sich offiziell über Themen wie Kirche und Staat, Hochschulreformen und Lehrerausbildung austauschte, heimlich aber darüber diskutierte, wie ein Deutschland ohne Hitler aussehen könnte – in Verbindung brachte.[18] Gerstenmaier war am Tag des Hitler-Anschlags durch Claus Schenk von Stauffenberg unter

Die ersten Eisenbahnzüge trafen Ende Oktober 1945 im Stuttgarter Bahnhof ein

den wartenden Komplizen in Berlin anwesend und erfuhr als einer der ersten, dass der Plan missglückt war. Die Konsequenzen für ihn als enger Vertrauter Stauffenbergs und die anderen Verschwörer schienen unausweichlich: „Ich schlug vor, uns ernsthaft zu bewaffnen. Ich sah unter uns nur die am Koppel getragene Pistole. Stauffenberg trug nicht einmal sie. Aber Peter Yorck meinte, das sei zwecklos. Hitler werde uns durch die Luftwaffe zusammenbomben lassen. Wir wurden immer schweigsamer."[19]

Dass Gerstenmaier überlebte und später sogar Bundestagspräsident werden sollte, erschien zu diesem Zeitpunkt mehr als abwegig. Gotthilf Vöhringer stand der Ideologie der NSDAP ebenfalls

Flüchtlingsbaracke im Lager Schlotwiesen in Zuffenhausen

Vor der Aufnahme im Flüchtlingslager wurden die Ankömmlinge entlaust

entschieden negativ entgegen. Er hatte sich in seiner Funktion als Generalsekretär der Deutschen Liga für freie Wohlfahrtspflege trotz des Drucks von außen geweigert, in die NSDAP einzutreten. Das „Angebot", die Geschäftsleitung der Nationalsozialistischen Volkswohlfahrt (NSV) zu übernehmen, wies er konsequent ab.[20]

Antonie Kraut hatte sich als Geschäftsführerin der Evangelischen Frauenarbeit mehrfach öffentlich hinter die Bekennende Kirche (BK) gestellt. Das Kriegsende brachte neue Hoffnung und neue Kontakte. So kreuzten sich schließlich die Wege. Denn trotz der schrecklichen Erlebnisse setzten sich Kraut, Collmer, Gerstenmaier und Vöhringer mit all ihrer Energie und Kraft für den (Wieder-) Aufbau ein und zwar im Dienste der Evangelischen Kirche und ihrer württembergischen Landeskirche.

Bevor die diakonischen Institutionen ihre Arbeit nach Kriegsende aufnehmen konnten, mussten sie aufgrund der Besatzungszonen die Alliierten um Erlaubnis zur Geschäftsaufnahme bitten. Die ersten, die diese Erlaubnis erteilt bekamen, waren die Kirchen mit ihren Hilfsorganisationen. In der Evangelischen Landeskirche in Württemberg war dies zunächst der LVIM. Gotthilf Vöhringer leitete zu dieser Zeit den LVIM, der sich hauptsächlich für die älteren und kranken Menschen einsetzte. Zwar erhielt

Heimschule Kleinglattbach (1946-1948). Zwei Buben beim Malzbrotessen

Flüchtlingsbub Theophil in Kleinglattbach

der LVIM Württemberg größtenteils die während der NS-Zeit enteigneten Heime durch die Alliierten wieder zurück, jedoch war es eine große Herausforderung, ausreichend Personal bereitzustellen. Anfangs hatte Vöhringer sogar höchstpersönlich die Aufsicht über die Heime übernommen, nach seiner Pensionierung wurde diese Aufgabe jedoch an eine eigens geschaffene Stelle delegiert.[21]

Man kann sich vorstellen, dass die Situation in den Heimen teilwei-

se dementsprechend notdürftig war und die lückenhafte Aufsicht beispielsweise in den damals so genannten „Kindererziehungsanstalten" Raum für Missbrauchsfälle – emotional wie körperlich – ließ. Die Lage war kritisch:

„In den Nachkriegsjahren war es aufgrund des starken Zustroms an unversorgten Minderjährigen notwendig, zusätzliche Unterbringungsplätze zu schaffen und damit auch neue Heime zu gründen.

Mangels Alternativen waren diese zumeist in Gebäuden untergebracht, die den baulichen Anforderungen einer solchen Aufgabe kaum entsprachen und dementsprechend nur provisorischer Natur sein konnten. (...) Angesichts der großen Zahl unversorgter Heranwachsender, die innerhalb kürzester Zeit überall aufgenommen werden mussten, herrschte zumeist drangvolle Enge."[22]

Die Leitung des LVIM Württemberg, also zunächst Gotthilf Vöhringer und später dann Antonie Kraut, war auch mit Missbrauchsfällen konfrontiert.[23] Antonie Kraut „repräsentierte im Kern die bis weit ins 20. Jahrhundert hinein vorherrschende Idee, dass Erziehung auf Härte, sanktionierender Gewalt und Distanz aufgebaut sein müsse, um die Kinder zu gesellschaftlich nützlichen und vor allem angepassten Mitgliedern der Gesellschaft zu formen."[24] Dabei schränkte sie jedoch ein: „Schläge mit dem Stock sind nach heutigen Anschauungen in einem Heilerziehungsheim unmöglich."[25] Fälle von Kindesmissbrauch sind in der EHS nicht bekannt. Das Landheim Burg Lichtenberg war die einzige Jugendhilfeeinrichtung, die von der EHS 1952 übernommen und bis 1959 betrieben wurde.

Aufgrund der negativen Erfahrungen während der NS-Zeit legte die Innere Mission großen Wert darauf, weitgehend unabhängig vom Staat zu agieren und blieb auch in pädagogischen Fragen relativ autark.[26]

Um der großen Not in angemessener Weise begegnen zu können, rief Theophil Wurm im Jahr 1945 zudem das Evangelische Hilfswerk ins Leben. Eugen Gerstenmaier hatte die Gründung der nationalen Organisation mit dem Ziel der unmittelbaren christlichen Hilfe an Bedürftige vorangetrieben und übernahm voller Elan die Leitung.[27] Paul Collmer, der später auch in der Diakonie und der Evangelischen Heimstiftung eine wichtige Rolle spielte, trat schließlich als Vizepräsident ebenfalls eine leitende Funktion im neu gegründeten Evangelischen Hilfswerk der EKD an, obwohl es um dessen Verfassung nach den Jahren des Kampfes und Erniedrigung durch die NSDAP und letztlich der russischen Kriegsgefangenschaft entsprechend schlecht stand:

„Die Jahre des Konzentrationslagers und die Monate der Gefangenschaft, die großen Lücken in der Reihe der Freunde und die Lage des Vaterlands hatten den Freund und Gefährten mehr mitgenommen, als wir auf den ersten Blick erkennen konnten."[28], hielt Gerstenmaier fest.

Nur zögerlich und aufgrund der ausdauernden Überzeugungskunst Gerstenmaiers hatte Collmer das Amt im Evangelischen Hilfswerk angenommen.[29] Die Hauptaufgabe lag zunächst in der „Sicherung des nackten Überlebens für Vertriebene, Flüchtlinge, Ausgebombte, auseinandergerissene Familien, hungernde und frierende

Kinder."[30] Konkret reichte das Aufgabenspektrum des Evangelischen Hilfswerks vom Aufbau von Altersheimen bis hin zur Lebensmittel-Verteilung.[31]

Der damalige Oberkirchenrat Wilhelm Pressel[32], der während der Gewaltherrschaft der NSDAP eine nicht ganz unkritische Rolle gespielt hatte – er musste sich anschließend für seine Parteimitgliedschaft und Zugehörigkeit zur Gruppierung Deutsche Christen im

Entnazifizierungsverfahren verantworten – warb früh aktiv für ökumenische Hilfsaktionen und verließ den Stuttgarter Oberkirchenrat schließlich, um sich als hauptamtlicher Leiter um die Geschäftsaufnahme des württembergischen Hilfswerks zu kümmern, das sogar noch vor dem Evangelischen Hilfswerk Deutschland seine Geschäfte aufnahm und vermutlich als eine Art Pilotprojekt gedacht war.[33] Seine Freundschaft zu Gerstenmaier und den damit verbundenen Kontakten zum Kreisauer Kreis kam ihm beim Verfahren zugute. Das württembergische Hilfswerk und das Hauptbüro des Evangelischen Hilfswerks der EKD teilten sich Büroräumlichkeiten in der Stafflenbergstraße 20 in Stuttgart.[34] Pressel bekleidete dieses Amt bis in das Jahr 1950, als das Hilfswerk mit der Inneren Mission in eine Arbeitsgemeinschaft der diakonischen Werke in der Evangelischen Landeskirche Württembergs fusionierte und Oberkirchenrat (OKR) Herbert Keller[35] die Geschäftsführung übernahm.

Aus dem Ende der Diktatur und den Kriegsjahren, die ein trostloses Trümmerfeld hinterließen, entsprangen Neuanfänge von Institutionen aufgrund tatkräftiger Initiativen einzelner Persönlichkeiten, die sich für die gute Sache zusammenschlossen und immer stärker an einem Strang zogen.
Collmer, Vöhringer, Gerstenmaier, Pressel, Keller – die (freilich unvollständige) Liste der Herren, die eine bedeutsame Stellung in der württembergischen Landeskirche innehatten ist lang. Und mitten unter ihnen war Antonie Kraut als eine der wenigen Frauen. Eine für Antonie durchaus vertraute Position, denn sie war in ihrem Elternhaus als einziges Mädchen mit vier Brüdern groß geworden.

„Im Rückblick darf man wohl sagen: ‚sie gedachten es böse zu machen, Gott aber hat es gut gemacht.'" [36]

Wilhelm Pressel   *Herbert Keller*

2. Familienbande

„Mein Leben ist auch dankbar erfüllt von der Liebe
meiner Verwandten, meiner Eltern,
Geschwister, Neffen, Nichten, Großneffen und Großnichten."[37]
Antonie Kraut (1997)

Geboren am 11.11.1905 im längst vergangenen Zeitalter der Mon-
archie unter König Wilhelm dem II., sollte Antonie ein von tiefgrei-
fenden gesellschaftlichen, familiären und sozialen Veränderungen
geprägtes Leben führen.
Sie wuchs als Nesthäkchen und einzige Tochter von Heinrich und
Mariane Kraut, geb. Leipheimer gemeinsam mit ihren vier Brüdern
Max, Heinrich, Wilhelm und Gerhard in Stuttgart auf. Antonie erhielt den Vornamen ihrer Großmutter mütterlicherseits und wurde
von Verwandten liebevoll „Toni" genannt. Dass das fünfte Kind ein
Mädchen war, führte zu großer Freude in der Familie:
„Es geht in der Familie die Sage, Tante Emma Groos [Schwester von
Antonies Vater, T.K.] habe gesagt, wenn's ein Mädchen wird, könnt
ihr telegrafieren, wenn's ein Bub wird, tut's eine Postkarte. Tante
Emma hat zwar immer energisch bestritten, eine derartige Äuße-
rung getan zu haben, aber offenbar fand die Familie, vier Buben
seien genug und jetzt sei ein Mädchen an der Reihe. So war ich ein
erwünschtes Kind und habe das auch spüren dürfen."[38]

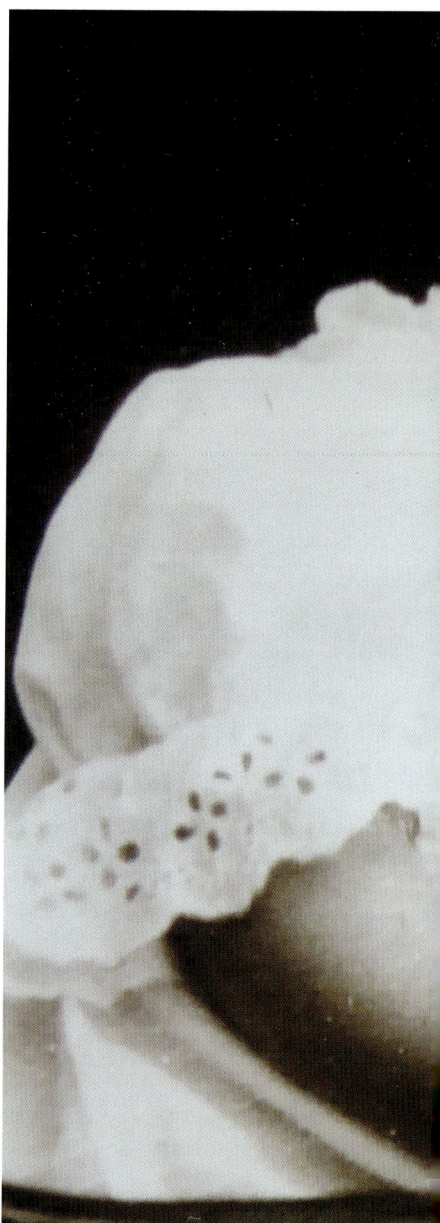

Antonie Kraut im Kindesalter

Als einziges Mädchen und noch dazu jüngstes Geschwisterkind unter den vier Brüdern lernte Antonie von klein auf, gut für sich zu sorgen. Das Verhältnis zwischen den Geschwistern war eng und die kleine Antonie profitierte von ihrer Bruderschar, die sie lehrte, wenn nötig kräftig auszuteilen, aber auch mal einzustecken. Durch die Geschwisterrangeleien fühlte sie sich bestens auf das Leben vorbereitet:

„Meine großen Brüder – der älteste, Max, war mein Pate – haben das kleine Schwesterle teils geärgert, teils geliebt, wobei das Ärgern auch ein Zeichen von Liebe war. Ich bin aufgewachsen in diesem Familienkreis und habe es immer als einen großen Vorzug betrachtet, daß so viele Brüder da waren, sodaß ich lernte, im Leben auch mal einen Puff auszuhalten, andererseits aber auch einen austeilen zu können."[39]

Die Eltern Mariane und Heinrich Kraut in jungen Jahren

Die Großeltern mütterlicherseits: Antonie und Max Leipheimer

Der Juristen-Vater Heinrich Kraut war im Jahr 1882 in die Stuttgarter Kanzlei von Max Leipheimers eingestiegen, wo er dessen einzige Tochter namens Mariane kennen und lieben lernte. Max und seine Frau Antonie Leipheimer, geb. Leube stammten ursprünglich aus Ulm.[40]

Mariane war am 8. Oktober 1865 dort geboren worden und erfuhr „für die damalige Zeit eine ausgezeichnete Schulbildung"[41]. Konkret bedeutete dies unter anderem, dass sie drei Fremdsprachen Englisch, Französisch und Italienisch beherrschte. Max Leipheimer unterhielt sich gerne mit ihr über juristische und politische Fragestellungen.[42] Antonie vermutete rückblickend, dass ihre Mutter sicher Theologin geworden wäre, wäre sie nur ein paar Jahre später geboren worden.[43] Die damaligen beruflichen Chancen für Mädchen aus bürgerlichen Familien im 19. Jahrhundert standen sehr schlecht.[44]

Mariane und Heinrich heirateten 1890 und zogen drei Jahre später in ein herrschaftliches Stuttgarter Stadthaus in der Olgastraße 108, das Max Leipheimer für die Familie und als Betriebsstätte der Anwaltskanzlei gekauft hatte.[45] Fortan lebten und arbeiteten die beiden Generationen dort gemeinsam.[46] Die Kinder erlebten eine unbeschwerte Kindheit und verbrachten viel Zeit im großen Garten des Hauses – eine seltene und

> „Und das Haus ist ein altes Haus, Das gehörte meinem Urgroßvater, der dort schon eine Anwaltskanzlei gehabt hat. Das war damals, 1888 ist das damals errichtet worden. Unter Denkmalschutz stehend mit einem sehr schönen Treppenhaus. Ein sehr schönes Haus."[47]

Das Haus der Familie Kraut in der Olgastraße 108, Stuttgart mit dem Geißhirtlebaum

Antonie Kraut mit ihrem jüngeren Bruder Gerhard Kraut

wertgeschätzte Oase der Idylle in der großen Stadt. Zum Schrecken der Mutter kletterten die Geschwister schon mal auf den alten, hoch gewachsenen Geißhirtlebaum, der dort hoheitsvoll stand.[48] Das stattliche Haus in der Olgastraße sollte 90 Jahre lang Antonie Krauts Zuhause sein und der Zerstörung zweier Weltkriege trotzen.[49]

Der Familienvater Heinrich Kraut legte großen Wert auf eine gute Bildung der Kinder, und Antonie besuchte mit 6 Jahren die höhere Töchterschule. Obwohl sie sich auf die Schule freute und sehr gerne dorthin ging, vergoss sie anfangs stets bitterliche Tränen, wenn sie das Haus verließ, so sehr liebte sie es, im Kreise der Familie zu sein: „Obwohl ich sehr gerne zu ihr [die Schule, T.K.] ging, habe ich anfangs immer geheult, wenn ich aus dem Haus zur Schule mußte; die Abwesenheit von daheim hat mich sehr bedrückt."[50]

In der hauseigenen Bibliothek wurde jeden Abend bei Wein und Zigarren gelesen und gesprochen. Schon damals stand das Haus für Freunde und Familie stets als gemeinsamer Treffpunkt offen. Während Mariane Leipheimer Einzelkind war, hatte Heinrich Kraut sechs weitere Geschwister und die Verbindungen in der Großfamilie wurden intensiv gepflegt. So kam nicht selten bei Festlichkeiten die gesamte Verwandtschaft im Hause der Familie Kraut in Stuttgart zusammen.

Daneben führte auch das große politische Engagement Heinrich Krauts zu diversen Gesellschaften und Feierlichkeiten im Hause Kraut. Heinrich Kraut war konservativer Politiker und zunächst Mitglied, später dann Obmann des Bürgerausschusses in Stuttgart. Er zählte zu den Unterstützern des Königreich Württembergs mit König Wilhelm II. auf dem Thron, der unter den Bürgern aufgrund seiner Kontaktfreudigkeit und seines sozialen Engagements sehr beliebt war – auch noch, nachdem sein anfangs liberaler Kurs auf Druck seitens der Großmächte Preußen und Österreich schwand.[51] Heinrich Kraut bekam den württembergischen Kronenorden zweiter Klasse verliehen und trug von diesem Zeitpunkt an den Personaladel „von Kraut", auf den er keinen besonderen Wert legte.[52] Weiterhin erhielt er den Friedrichsorden. 1912 wurde er von Wählern der Bauernpartei und des Zentrums zum Präsidenten der Zweiten Kammer, die aus 70 gewählten Volksvertretern und 23 Privilegierten bestand, gewählt. Da die Erste Kammer praktisch keine politische Rolle spielte, übernahm er ein hohes, verantwortungsvolles politisches Amt.[53]

Neben den politischen Aktivitäten und seiner Tätigkeit in der Anwaltskanzlei war Heinrich Kraut unter anderem Vorstandsmitglied der Anwaltskammer Stuttgart und Aufsichtsratsvorsitzender der Allianz sowie des Lebensversicherungsvereins.[54]

Auch Mariane Kraut war vielbeschäftigt. Zwar zeigte sie sich in damals üblicher Manier hauptsächlich für die Kindererziehung und den Haushalt verantwortlich, wobei sie tatkräftige Unterstützung durch das Hauspersonal fand, mit dem sie täglich eine kurze Morgenandacht hielt.[55]

Daneben war Mariane Kraut trotz ihrer in Mitleidenschaft gezogenen Gesundheit stark ehrenamtlich – vor allem im kirchlichen Umfeld – engagiert. Durch ihren Vorsitz in der Güntherschen Sonntagsschule kam es durchaus vor, dass die Wohnung Kraut vor Weihnachten in ein Lager für Geschenke an hilfsbedürftige Kinder umgewandelt wurde.[56]

Kurzum: Das Haus in der Olgastraße 108 in Stuttgart war viel mehr als das Zuhause der Familie Kraut. Es war Anwaltskanzlei, Büroraum, Lagerraum und Treffpunkt für Interessensgemeinschaften in einem und stand nach außen stets offen. Darüber hinaus reiste die Familie Kraut sehr gerne und häufig, auch noch in späteren Jahren.

> „Neben den verwandtschaftlichen Besuchen, darunter auch Vettern und Basen von Großmama, hatten die Großeltern viel geselligen Verkehr mit Freunden und Bundesbrüdern nebst deren Frauen. Es gab Einladungen und Gesellschaften, bei denen ein gewisser Aufwand getrieben wurde."[57]

Die Eltern Mariane und Heinrich Kraut

Im Jahr 1914 wurde das bis dato glückliche Familienleben tiefgreifend erschüttert. Die politische Situation spitzte sich durch die Ermordung des österreichischen Thronfolgers zu. Antonie erinnerte sich an die Tragweite der Botschaft:

„Mama erzählte das [die Ermordung des Thronfolgers, T.K.] den in Degerloch weilenden Familienmitgliedern und ich muß sagen, ich hatte das Gefühl, einen Moment habe die Welt den Atem angehalten. Es wurde mir von den Eltern und den Brüdern nachher bestätigt, daß der Schreck über diese Nachricht furchtbar gewesen ist. Man hat ernstlich gefühlt, daß etwas Furchtbares passiert ist."[58]

Es dauerte nicht lange und die schreckliche Vorahnung wurde mit dem tatsächlichen Ausbruch des Ersten Weltkrieges Realität. Mit einem Mal war die Familie zerschlagen, denn drei der vier Brüder – lediglich Gerhard blieb die Front erspart – zogen in den Krieg, was Tage und Wochen voller Sorge bei den restlichen Familienmitgliedern zur Folge hatte. Und die schlimmsten Befürchtungen sollten grausame Realität werden: Während Heinrich durch eine schwere Kriegsverletzung 1916 wehrdienstunfähig wurde, fiel Max 1915 an der Front. Wilhelm, der sich freiwillig zum Militär gemeldet hatte, fiel zwei Jahre später, einzig Heinrich kehrte schwer verwundet zurück. Der Tod der beiden Brüder hinterließ eine große Lücke in der Familie Kraut.

Mariane Kraut, die stark unter dem Verlust ihrer beiden Söhne litt, fand Trost in „ihrem festen Gottvertrauen, das sie auch in den dunkelsten Stunden nicht verlassen hat."[59] Es ist nicht verwunderlich, dass sich Mariane im Jahr 1914 bei der Gründung des Landesverbandes der Inneren Mission Württemberg beteiligte und dort anschließend lange Jahre als Ausschussmitglied aktiv war.[60]

Der Alltag ging für alle weiter, Gerhard studierte Jura in Tübingen und München und Antonie besuchte ab 1918 die humanistische Abteilung des Mädchengymnasiums in Stuttgart.[61] Die Freundschaft zu Gertrud Scheurlen gab ihr damals Halt und sollte ihr ganzes Leben lang halten.[62]

Antonie Kraut (dritte v. l., obere Reihe) mit ihrer Schulklasse

Auf die Revolution im November 1918 mit der Abdankung des Königs folgte der Aufbau der Demokratie mit der Gründung der Parteien. Der Vater blieb neben der Anwaltstätigkeit weiterhin der Politik verschrieben und war nach dem Ersten Weltkrieg für die Deutschnationale Volkspartei in der Weimarer Nationalversammlung vertreten.[63]

Inzwischen hatten die Frauen das komplette Wahlrecht erstritten, und es wurden vielerorts Frauengruppen gegründet; auch die sogenannte Frauengruppe der Württembergischen Bürgerpartei (Deutschnationale Volkspartei), bei der Mariane den Vorsitz übernahm. „Die Begabung für ein solches Amt besaß sie durchaus: einen scharfen Verstand, liebenswürdige Menschenbehandlung, gute Ausdrucksweise, großes Interesse für Politik – was ihr fehlte, um zu größeren Ämtern aufzurücken, war der Ehrgeiz, der andere rücksichtslos beiseite schiebt."[64], konstatierte Antonie rückblickend. Schnell bekam Mariane jedoch die intrigante Seite der Politik zu spüren und nahm daher im Jahr 1923 gerne die Anfrage an, den Vorsitz in der Evangelischen Frauenarbeit zu übernehmen.[65]

Der Verband war in den 1830er auf die Initiative von Frau Bergrat Wagner entstanden. Angesichts der notleidenden Kinder bat sie in einem persönlichen Aufruf Stuttgarter Frauen darum, vom monatlichen Haushaltsgeld einen kleinen Betrag zur Seite zu legen, sodass ein Platz im Heim für ein hilfsbedürftiges Kind finanziert werden könne. Der Bitte kamen so viele Frauen nach, dass schon bald organisierte Strukturen unabdingbar wurden. Die ursprünglich direkte und unprätentiöse Art der Hilfe blieb aber weiter bestehen, auch wenn der Zusammenschluss immer stärker institutionalisiert wurde und bald den Namen „Bund Evangelischer Frauenvereine Württembergs" annahm.[66]

Mariane wirkte mit großem Erfolg unabhängig von äußeren Einschnitten, wie beispielsweise die Inflation der 20er Jahre[67] mit ihrer gastfreundlichen Art darauf ein, dass die zunächst eher lose verbundenen Frauengruppen zu einer Einheit zusammenwuchsen. Sie lud die Vertreterinnen der Verbände kurzerhand einmal im Monat zu Kaffee und Kuchen

> „Die Mutter, eine Frau von großer Lebensklugheit, voll Güte und mütterlicher Wärme, wurzelte mit ihrem Mann im lebendigen christlichen Glauben und war ein tätiges Mitglied der evangelischen Kirche."[69]

Antonie Kraut und ihre Mutter Mariane nach dem Gottesdienstbesuch

Die Mutter Mariane Kraut

zu sich nach Hause ein. Die zwanglosen Sitzungen fanden noch bis Mitte der 1930er Jahre bei Familie Kraut statt.[68] Die Evangelische Frauenarbeit lag Mariane besonders am Herzen, und sie nahm den Vorsitz bis in ihr 70. Lebensjahr wahr. Daneben war sie Mitglied in diversen weiteren christlich-sozialen Organisationen, wie beispielsweise im Ausschuss der Inneren Mission in Württemberg oder auch der Evangelischen Diakonissenanstalt.

Antonie war stark vom aktiven Engagement der Mutter beeinflusst und beeindruckt. So hielt sie voller Bewunderung für ihre

Mutter – aber auch mit großem Respekt für ihren Vater – fest: „Daß Mariane Kraut es fertigbrachte, neben allen Ämtern, für die sie sich sehr intensiv einsetzte, auch noch für die Familie dazusein, zeigt ihre weit gespannte Begabung, die so vielerlei vereinigen konnte. Dazu kam, daß ihr Mann ihr die außerhäusliche Tätigkeit bewußt ermöglichte. Sie strahlte Liebe und Wärme auf ihre Umgebung aus. Deshalb kamen die Menschen auch gern zu ihr, und sie genoß große Achtung, Liebe und Verehrung.“[70]

Im Jahr 1939 brach der Zweite Weltkrieg aus. Diese Entwicklung hatte auch auf Familie Kraut direkte Konsequenzen: Heinrich Kraut wurde zwar nicht als Soldat einberufen, aber nur, weil er ein renommierter Ernährungswissenschaftler war und seine Arbeiten auf diesem Gebiet gerade in der Kriegszeit von Interesse waren. In den als Krautaktionen bekannten Studien forschte er als offizieller Berater des Reichsministeriums für Ernährung und Landwirtschaft in Arbeitslagern unter anderem des Krupp-Konzerns zur Ernährung der Zwangsarbeiter.[71] Sein Bruder Gerhard hingegen, der seit Mitte der 1920er Jahre in der Anwaltskanzlei gearbeitet hatte, wurde einberufen und an die Front geschickt.[72] Erst nach langer Kriegsgefangenschaft kam er 1948 wieder nach Stuttgart zurück.

Der Vater Heinrich Kraut hat den erneuten Kriegsausbruch nicht mehr erlebt – er verstarb 1935 in Stuttgart. Antonie und Mariane lebten weiterhin gemeinsam in ihrer Wohnung in der Olgastraße und hatten ein sehr enges Verhältnis zueinander. Mariane wurde trotz ihres schlechten Gesundheitszustands nach einer schweren Herzmuskelerkrankung im Jahr 1909 über 100 Jahre alt und schlief am 13. Juni 1966 friedlich ein.[73]

Für Antonie muss der Tod ihrer Mutter ein sehr schmerzhafter Einschnitt gewesen sein. Plötzlich lebte sie alleine in ihrer elterlichen Wohnung und hatte ihre engste Bezugsperson verloren. Der enge Kontakt zur Familie blieb weiter bestehen. Mit Heinrich

Antonie Kraut vor einem Bildnis ihrer Mutter Mariane Kraut als junges Mädchen

Antonie Kraut mit ihren beiden Brüdern Gerhard und Heinrich Kraut

Kraut, Antonies ältestem noch lebenden Bruder, und dessen Familie fuhr Antonie häufiger gemeinsam in Urlaub. Ihr Neffe Max Kraut erinnert sich, dass durch den Tod der Großmutter, die seit dem Tode des Großvaters stets die Hauptperson der Familie gewesen war, mit einem Mal Seiten an Antonie zum Vorschein kommen konnten, die zuvor durch die starke Präsenz Mariane Krauts nicht zum Tragen gekommen waren.[74] Das Elterhaus mit dem christlich-sozialen und politisch aktiven Hintergrund prägte Antonie in allen Bereichen ihres Lebens und führte zu einem ausgesprochen starken Rechtssinn, den sie durchaus gesellschaftsrelevant einsetzte.

3. Beruf(ung): Engagement in der Evangelischen Landeskirche in Württemberg

„Wir pflügen und wir streuen den Samen auf das Land,
doch Wachstum und Gedeihen steht in des Höchsten, nicht in
unsrer Hand – darum sei unser Tun Gott befohlen."[75]
Antonie Kraut (1969)

Nach dem Abitur im Jahr 1924 wurde Antonie gemeinsam mit einer Schulfreundin in das Internat „Wirtschaftliche Frauenschule auf dem Lande" geschickt, damit sie die Hauswirtschaft richtig lerne – keine besonders schöne, aber doch lehrreiche Zeit für Antonie.

Die Berufsausbildung durfte Antonie selbst auswählen, und da sie gerne mit ihrem Vater zusammenarbeiten wollte, begann sie im Wintersemester 1925 ihr Jura-Studium in Tübingen.

Das Studentenleben mit den kulturellen Möglichkeiten gefiel Antonie sehr, und es entstanden neue Freundschaften, die ein Leben lang halten sollten. Nach Tübingen studierte sie auch in München und Berlin. Durch ihre große Familie hatte sie das Glück, stets Anschluss und Wohnmöglichkeit zu haben, unter anderem bei ihren beiden Brüdern Heinrich in München und Gerhard in Berlin. Nachdem sie in Tübingen erfolgreich das erste Examen bestanden hatte, absolvierte Antonie im Jahr 1929 ihr Referendariat in Stuttgart. In dieser Zeit verfasste sie auch ihre Doktorarbeit zum Thema „Die Stellung der Frau im württembergischen Privatrecht" und erlangte schließlich im Jahr 1933 die Zulassung als Anwältin. Anschließend erfüllte sich ihr Traum, und sie stieg in die väterliche Kanzlei mit ein. Dort arbeitete sie Seite an Seite mit ihrem Bruder Gerhard. Da inzwischen die NSDAP an die Macht gelangt war, hielt sich Antonie jedoch in der väterlichen Kanzlei zunächst im Hintergrund: Frauen in der Justiz waren im Dritten Reich nicht gern gesehen.[76]

Antonie Kraut (in der Mitte, obere Reihe) als Schülerin der Wirtschaftlichen Frauenschule

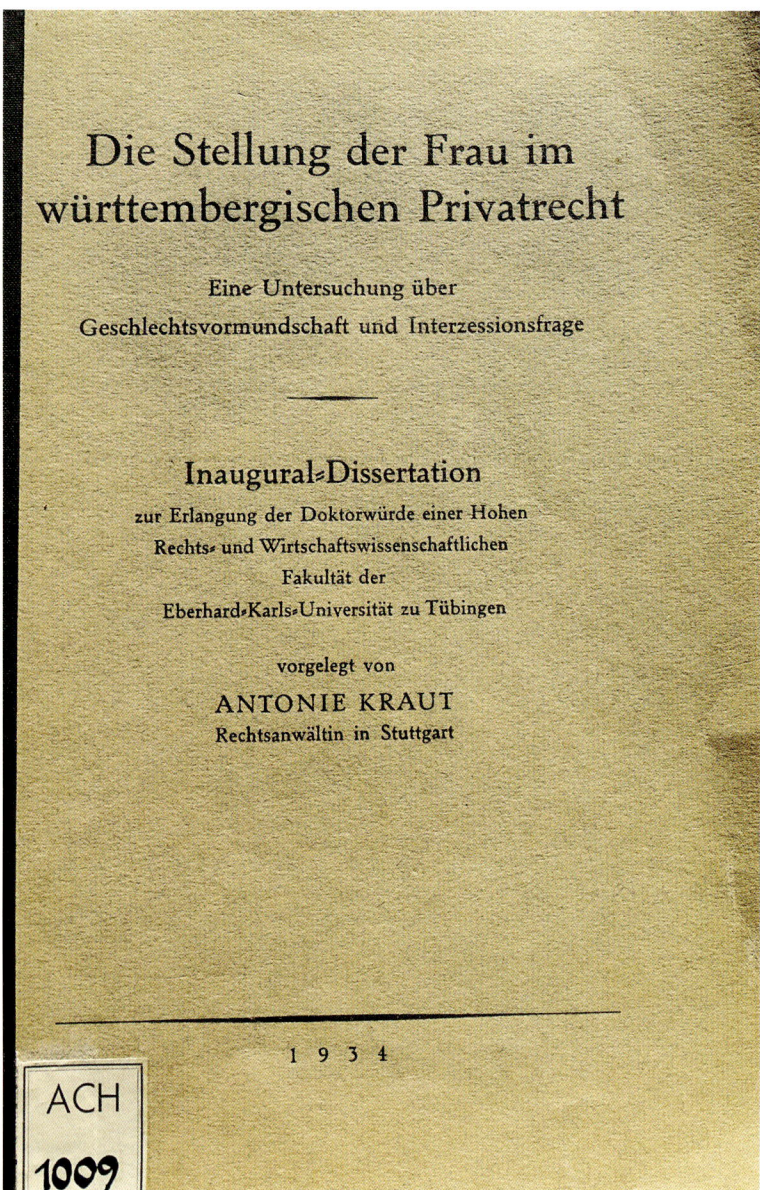

Die Stellung der Frau im württembergischen Privatrecht

Eine Untersuchung über
Geschlechtsvormundschaft und Interzessionsfrage

Inaugural-Dissertation

zur Erlangung der Doktorwürde einer Hohen
Rechts- und Wirtschaftswissenschaftlichen
Fakultät der
Eberhard-Karls-Universität zu Tübingen

vorgelegt von
ANTONIE KRAUT
Rechtsanwältin in Stuttgart

1934

Titelseite der Doktorarbeit von Antonie Kraut aus dem Jahr 1934

Die Politik Hitlers ging mit dem Bestreben zur Gleichschaltung aller Institutionen einher und machte auch vor den christlichen Kirchen keinen Halt. Zum damaligen Zeitpunkt existierte der Deutsche Evangelische Kirchenbund, ein loser Zusammenschluss aus den 28 Evangelischen Landeskirchen. Die in den letzten Zügen der Weimarer Republik entstandene Glaubensbewegung der Deutschen Christen (DC) stand der NSDAP nahe und hatte mit Beginn der Machtübernahme Hitlers dementsprechend Erfolge zu verzeichnen.[77] Der Mitgründer der DC, Ludwig Müller, wurde zum Reichsbischof der Deutschen Reichskirche, die eine Eingliederungspolitik aller Landeskirchen verfolgte.[78]

Landesbischof Theophil Wurm wehrte sich lange gegen die Eingliederung der württembergischen Landeskirche, indem die Pfarrer und die Kirchenmitglieder mobilisiert und alle rechtlichen Maßnahmen ausgeschöpft wurden. Auch die inzwischen geformte Bekennende Kirche (BK), bei der Theophil Wurm aktiv war, unterstützte den Landesbischof in seinem Bestreben, die Landeskirche als selbständige Institution zu bewahren.[79]

Die Evangelische Frauenarbeit blieb von den erschwerten Rahmenbedingungen nicht verschont und hatte durch den Nationalsozialismus mit einigen existenziellen Herausforderungen zu kämpfen.

In ihrer leitenden Funktion war Antonie Kraut unmittelbar von den Geschehnissen betroffen. 1935 war sie der Bitte des Verbands gefolgt und hat dessen Geschäftsleitung mit einer halben Stelle übernommen. Die Juristin Frau Doktor Antonie Kraut – oder wie sie vielmehr von sich sagte: Fräulein Doktor Kraut[80] – war nun endgültig ihrer Berufung gefolgt und sollte zeitlebens der Kirche bzw. Diakonie eine treue Mitarbeiterin sein. Mit Aufnahme ihres Amtes entstand die Geschäftsstelle in der Tübinger Straße 16 in Stuttgart.[81] Zeitgleich trat ihre Mutter Mariane altershalber vom ersten Vorsitz zurück. Antonie führte ihr Vermächtnis voller Engagement weiter.

Die Evangelische Frauenarbeit verfolgte damals vielfältige Ziele, unter anderem

„(...) die Anschauungen und Interessen evangelischer Frauen im öffentlichen Leben zu vertreten, z.B. durch Stellungnahmen, durch Eingaben an gesetzgebende Gremien und Behörden, Proteste und auch Zustimmungserklärungen zu besonderen Ereignissen, unter Umständen durch Adressen an Frauen im Ausland,

(...) Ökumene (...), Pflege der Beziehungen zu anderen großen Frauenverbänden sowie zu evang. Reichs- und Landesverbänden.“[82]

Antonie Kraut im Jahr 1955

Die Organisation verstand sich somit vornehmlich als Sprachrohr evangelischer Frauen in der Öffentlichkeit und bewegte sich damit auf „gefährlichem Terrain". Den Deutschen Christen stand die Frauenarbeit ablehnend gegenüber.[83] Als 1933 alle Vereine gleichgeschaltet werden sollten, wandte sich der Bund Evangelischer Frauenvereine Württembergs an Theophil Wurm mit der Bitte der offiziellen Anerkennung der Organisation durch die Württembergische Landeskirche. Theophil Wurm sagte Antonie Kraut prompt seine volle Unterstützung zu und bat darum, ihn bei jeglichen Eingriffen von außen in die Evangelische Frauenarbeit zu

informieren: „Sollten von anderer Seite Eingriffe in die Arbeit oder in die Rechte des Bundes und der in ihm zusammengeschlossenen Gruppen erfolgen, so darf ich anheimgeben, mich hievon umgehend in Kenntnis zu setzen."[84]

Weder Mariane noch Antonie Kraut scheuten sich vor Auseinandersetzungen, obwohl damit stets die Gefahr eines persönlichen Angriffs verbunden war. Die Geschäftsführung der Evangelischen Frauenarbeit zu leisten war in Zeiten des Dritten Reichs keine leichte Aufgabe angesichts des hohen Drucks, unter dem alle Verbände, die nicht dem Nationalsozialismus angehörten, standen. „Es

bestand stets Sorge, daß der Verband wegen irgendwelcher Äußerungen in politische Schwierigkeiten gerät"[85], hielt Antonie die angespannte Situation fest.

Aufgrund der strukturellen Veränderungen durch die offizielle Angliederung der Evangelischen Frauenarbeit an die Evangelische Kirche gab es neue Herausforderungen zu bewältigen.[86] Denn es entstand ein gänzlich in die Landeskirche integriertes Organ, und der Name wurde dementsprechend umgeändert in „Frauenwerk der Evangelischen Landeskirche Württemberg". Als das Deutsche Frauenwerk von der NS-Frauenschaft gegründet wurde, veranlasste

die Regierung eine erneute Änderung des Namens und man entschied sich für „Frauenarbeit der Evangelischen Landeskirche in Württemberg". Da es zunächst so ausgesehen hatte, dass man eine gute Beziehung zur neuen staatlichen Ordnung gestalten könne, war das Evangelische Frauenwerk kurzzeitig dem Aufruf gefolgt, dem Deutschen Frauenwerk beizutreten. Dies war das Nachfolgeorgan der „Reichsarbeitsgemeinschaft deutscher Frauenverbände", die wiederum vom Ministerium des Innern geschaffen worden war und welches unter der Leitung von Frau Scholtz-Klink stand. Nachdem immer deutlicher wurde, dass die seitens der DC und

des Nationalsozialismus hierdurch erhoffte Gleichschaltung „von innen" nicht widerstandlos durchführbar war, wurde jedoch bereits 1936 die Löschung der Mitgliedschaft angeordnet.[87] Durch die Angliederung des Vereins an die Kirche erfuhr er zwar zunächst Schutz in den Verbotszeiten des Vereinswesens durch die Nationalsozialisten, allerdings blieben politische Kämpfe und die Verstrickung im Kirchenkampf nicht erspart.

> „Dass uns diese innere Zusammenhalt erhalten blieb, darf als ein Geschenk Gottes betrachtet werden, hatte doch die politische und weltanschauliche Entwicklung auch für die Glieder der Ev. Frauenarbeit an manchen Stellen eine strukturelle Änderung mit sich gebracht."[88]

Schließlich lief die Evangelische Frauenarbeit Gefahr, nicht zuletzt gerade durch die Angliederung an die Evangelische Kirche, die ihr den nötigen Schutz bot, unmittelbar in den Kirchenkampf verwickelt zu werden.[89]

Der Kirchenkampf war 1934 ausgebrochen – kurz bevor Mariane ihren Vorsitz aufgab und Antonie Kraut die Geschäftsführung übernahm. Mariane Kraut teilte Theophil Wurm im Namen des Frauenwerks am 6.8.1934 schriftlich mit, dass die Evangelische Frauenarbeit ganz auf der Seite der Bekennenden Kirche stünde:

„Das evangelische Frauenwerk steht fest auf dem Boden der bekennenden Gemeinde und will an seinem Teil mithelfen an der Erneuerung unserer Kirche im Sinne biblisch-reformatorischen Glaubens. Es ist uns ein Bedürfnis, Ihnen, hochverehrter Herr Landesbischof [Theophil Wurm, T.K.], von ganzem Herzen zu danken für Ihre entschlossene, tatkräftige Führung der Kirche, Ihr mannhaftes Eintreten für das Evangelium und für echtes kirchliches Denken und Handeln. Wir bitten, von diesem Schreiben nach Belieben in der Öffentlichkeit Gebrauch zu machen."[90]

Somit war es schriftlich besiegelt: Beide Institutionen boten einander Rückendeckung. Die Evangelische Frauenarbeit wurde auch nicht müde, dieses Bekenntnis zur BK zu wiederholen.[91] Trotz dieser Tatsache wurden weder Mariane noch Antonie Kraut jemals persönlich zur Zielscheibe eines Angriffs, was wahrlich einem Wunder glich.[92] Die schwierige Zeit zwischen der Machtübernahme Hitlers und dem Kriegsende hätte durchaus Anlass zur Resignation geben können. Doch selbst im Schrecken dieser finsteren Lebensphase konnte Antonie rückblickend Gottes Barmherzigkeit sehen:

„Die Jahre 1933 – 1945 waren erfüllt von Sorge und Arbeit, Kampf und Gebet. Als Gewinn dürfen wir daraus die Glaubenserfahrung mitnehmen: die Güte des Herrn ist, dass wir nicht gar aus sind; seine Barmherzigkeit hat noch kein Ende, sondern sie ist alle Morgen neu und seine Treue ist gross."[93]

Neben ihren Aufgaben bei der Evangelischen Frauenarbeit Württemberg übernahm Antonie Kraut zeitweise – während der Abwesenheit ihres Bruders Gerhard, die durch seine Gefangenschaft bedingt war – alleinverantwortlich die Geschäfte der Anwaltskanzlei, die nach wie vor in der Olgastraße in Stuttgart angesiedelt war und gleichzeitig Wohnstätte für Antonie und Mariane blieb.[94] Während die beiden Brüder Heinrich und Gerhard heirateten und Familien gründeten, blieb Antonie unverheiratet und verschrieb sich ganz ihrem beruflichen und ehrenamtlichen Engagement.

Ab 1943 wurde sie schließlich zu einer Stelle im Kriegsschädenamt dienstverpflichtet. Für die neue Tätigkeit musste sie die Geschäftsführung in der Evangelischen Frauenarbeit abgeben. Die Arbeit im Kriegsschädenamt gefiel ihr dennoch gut. Antonie konstatierte, dass sie einiges dort lernen konnte, was ihr später hilfreich war, beispielsweise der professionelle Umgang mit (teilweise sehr hohen) Geldsummen.[95] Trotz ihres erzwungenen Weggangs von der Evangelischen Frauenarbeit lag Antonie Kraut die Arbeit mit und für Frauen zeitlebens am Herzen. Durch ihre Art und Weise, wie sie ihre eigene berufliche Tätigkeit auswählte und ausübte, trug sie maßgeblich zur Gestaltung der Rolle der Frau in Diakonie und Kirche bei.[96] Sie wusste ihr juristisches Wissen immer wieder gekonnt für die Sache einzusetzen und beeinflusste dadurch Entwicklungen im Familienrecht maßgeblich mit.

Das Kriegsende brachte Antonie Kraut neben der persönlichen Erleichterung über das Ende der Diktatur neue berufliche Möglichkeiten.

Die württembergische Landeskirche fragte bei Antonie an, ob sie die juristische Geschäftsleitung des LVIM übernehmen wolle, um diesen nach seiner Zerstörung wieder aufzubauen.

In ihrem neuen Amt begegnete sie dem kurz zuvor gewählten dortigen Hauptgeschäftsführer Gotthilf Vöhringer. Es war der Beginn einer fruchtbaren und langen Zusammenarbeit. Antonie schrieb später dankbar und voller Respekt eine kurze Biografie über ihren Mentor und hielt in einer privaten Notiz über ihn fest: „Er war ein ausgezeichneter Experte der Freien Wohlfahrtspflege, speziell der Inneren Mission, und für mich ein hervorragender Lehrmeister, von dem ich all das lernen konnte, was zur Vertretung der Einrichtungen der Inneren Mission notwendig war."[97]

Als zweite Geschäftsführerin war Antonie für verschiedene verantwortungsvolle Aufgaben zuständig, wie die Beschaffung von finanziellen Mitteln für die Gebäudenutzung. Durch ihre Tätigkeit kam sie mit sozialen Nöten in ungeahntem Ausmaß in Kontakt: „Es mußten Mittel gewonnen werden, um die Wiederherstellung zerstörter Anstalten und den Neuaufbau von Einrichtungen, die durch die damalige soziale Lage benötigt wurden, zu ermöglichen. Ich hatte viel mit den zuständigen Ministerien und anderen Stellen zu tun als Vertreterin verschiedener Einrichtungen, vor allem der Altenheime. Auch hatte ich z.B. die Interessen alter Flüchtlinge wahrzunehmen, die nicht mehr in freien Wohnungen untergebracht werden konnten. Es waren Probleme, von denen ich vorher keine Ahnung gehabt habe."[99]

„Es kam darauf an, aus der Situation heraus richtig zu agieren. In der Situation das Rechte zu machen. Das Juristische trat zurück und das unmittelbar Wichtige war gefordert."[98]

Sie hatte Situationen und Aufgaben zu bewältigen, die für sie gänzlich neu und herausfordernd waren.

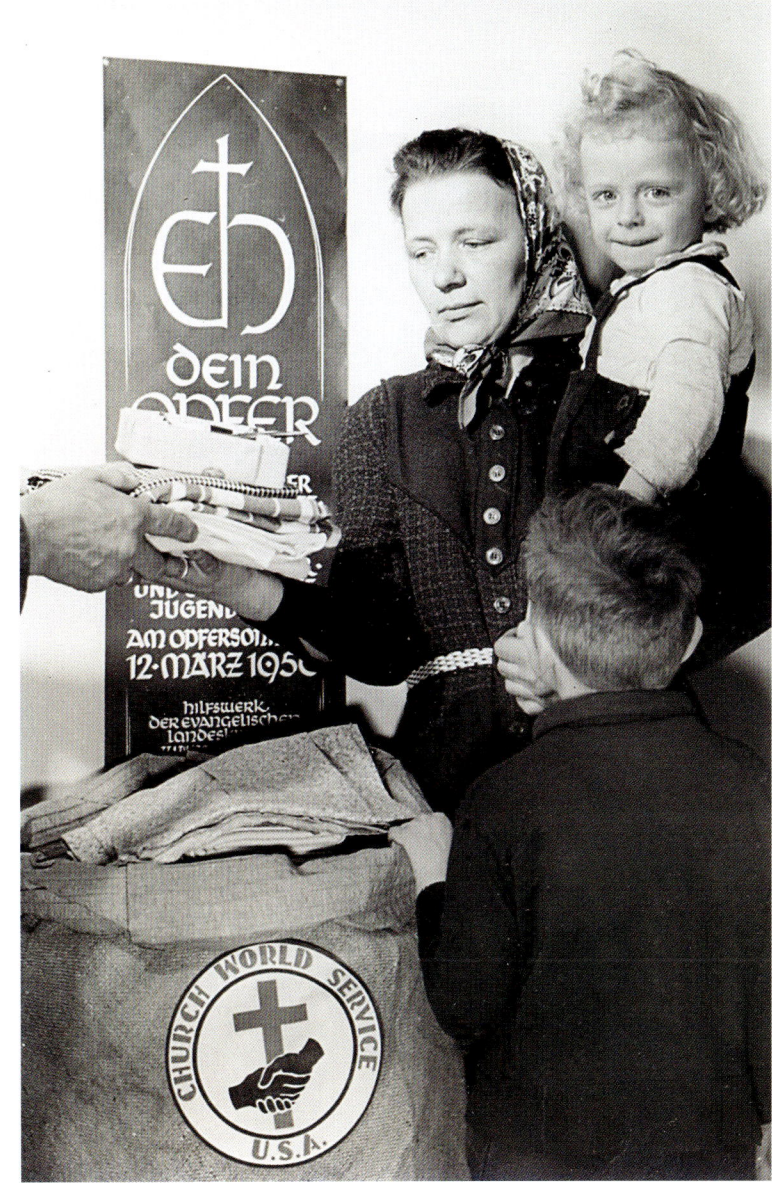

Verteilung von Kleiderspenden an eine Flüchtlingsfamilie

Die Geschäftsstelle der Inneren Mission, Reinsburgstraße 46 in Stuttgart

mit den Büroräumen

Vieles erledigte sie unter dem Motto „learning-by-doing". Antonie suchte nach geeigneten Räumlichkeiten, in denen man Flüchtlinge, Kinder und alte Menschen unterbringen konnte. Außerdem organisierte sie die Verteilung der Hilfsgüter der Kirche der Ökumene. In dieser Zeit entstand auch das heutige Stephanuswerk in Isny, das damals als Kriegsversehrtenheim für Kriegsschwerverletzte diente.[100] Während ihrer Amtszeit wurde das Verwaltungs- und Wohnhaus in der Reinsburgstr. 46 wieder aufgebaut. Gemeinsam mit ihren Mitstreitern schaffte sie das zunächst für unmöglich Gehaltene: „Wer sich an die Situation der Landesgeschäftsstelle im Sommer 1945 erinnern kann, weiß, welch schwere Aufgaben auf die neue Geschäftsführerin warteten: Das Büro in der oberen Bachstraße war durch Bomben zerstört; der erste Geschäftsführer mußte außerhalb von Stuttgart wohnen; fast alle Häuser der Inneren Mission in Stuttgart lagen in Trümmern; viele der Anstalten auf dem Land waren beschlagnahmt, zweckentfremdet oder enteignet. Die neue Geschäftsführerin mußte beim Punkt Null beginnen. Sie suchte und fand Büroräume für die Rückkehr der evakuierten Geschäftsstelle, führte Verhandlungen mit den Besatzungsmächten, half mit Rat und Tat beim Wiederaufbau und bei der Gründung neuer Einrichtungen, sie kämpfte gegen das Nachkriegselend....“[101]

Evangelisches Hilfswerk und Innere Mission unter einem Dach

Antonie Kraut bewies Verhandlungsgeschick und Durchhaltevermögen. Auch Konflikte, die durchaus aufkamen, konnten sie nicht abhalten, wenn sie von einer innovativen Idee überzeugt war. Beispielsweise veranlasste sie, trotz des Widerstands aus vornehmlich theologischen Reihen, die Einrichtung eines psychologischen Dienstes für die Kinderheime.[102] Wenn Antonie Kraut eine Vision hatte, setzte sie sich mit Fachverstand und Herz für deren Umsetzung ein. Dabei baute sie stets auf bewährte Konzepte auf und nutzte die Ressourcen nachhaltig aus, man sagte ihr eine „bewahrende Art“[103] nach. Konflikte gab es auch zwischen dem Landesverband der Inneren Mission (LVIM) und dem Evangelischen Hilfswerk zu lösen.

Häufig kamen sich beide Institutionen beim so genannten Sammlungswesen – heute unter Fundraising bekannt – ins Gehege. Denn potentielle Spender waren begrenzt und somit warb man häufig als Konkurrenz an denselben Stellen.[104] Spannungen untereinander waren vorprogrammiert:

„Bei den Auseinandersetzungen ging es vordergründig um Fragen der Organisation, dabei aber immer auch um die theologische Begründung der christlichen Liebestätigkeit.

Vöhringer betrachtete die Innere Mission stets als Werk der Kirche ohne Rücksicht auf die Rechtsform des Vereins oder der Stiftung, während gelegentlich die Ansicht vertreten wurde, evangelisch – kirchliche Liebestätigkeit sei nur, was auf dem Boden der verfaßten Kirche getan werde."[105]

Antonie Kraut war im Jahr 1945 bei der Gründung der Liga der freien Wohlfahrtspflege in Baden-Württemberg e.V. dabei. Die Liga „(..) dient der Koordinierung der Aktivitäten zwischen den Verbänden sowie als Ansprechpartner auf Landesebene für politische Entscheidungsträger, wenn soziale Belange betroffen sind. Ein Großteil dieser Arbeit vollzieht sich in den Liga-Ausschüssen, in denen die Fachleute aus den einzelnen Verbänden zusammenkommen, um sich abzustimmen und ggf. gemeinsam aktiv zu werden."[106] Die Liga der freien Wohlfahrtspflege wirkte maßgeblich darauf hin, dass das Recht auf wohltätige Hilfen im Staat rechtlich in der Verfassung des Landes verankert wurde.[107] Da sich Gotthilf Vöhringer im Jahr 1949 aufgrund gesundheitlicher Probleme aus seinem Amt des Hauptgeschäftsführers des LVIM verabschiedete, übernahm Antonie Kraut die juristische Geschäftsführung.[108]

Als Führungskraft war sie respektiert und anerkannt. Sie pflegte ein vertrauensvolles Miteinander mit den Mitarbeitern, obgleich sie sich nicht davor scheute, deutlich und bestimmt einen Leitrahmen vorzugeben.[109] Sie hatte stets konkrete Ziele vor Augen, die sie standhaft verfolgte. Andererseits war Antonie aber auch bereit, aufgrund veränderter Rahmenbedingungen bereits geschmiedete Pläne zu modifizieren. Ihre Visionen wurden zeitnah umgesetzt und häufig langfristig beibehalten. Dabei begleitete sie stets der feste Glaube an Gottes Fürsorge, die sie durch die Wegbegleitung ihrer Mitstreiter umgesetzt sah. „Die Begegnung und enge Zusammenarbeit mit diesen beiden Männern

[Gotthilf Vöhringer und Paul Collmer, T.K.] ist für Antonie Kraut eine Erfahrung der speziellen Fürsorge Gottes für die Seinen geworden."[110]

Auch die Zusammenarbeit mit den beiden Nachfolgern Gotthilf Vöhringers, OKR Herbert Keller und später OKR Albrecht Roos,[111] war von gegenseitigem Respekt gekennzeichnet. Mit OKR Keller verband Antonie Kraut eine respektvolle Beziehung, die ein manches Mal Spannungen aushalten musste, die bei der Zusammenarbeit zweier ungleicher Charaktere unvermeidbar sind. Während OKR Keller über zu treffende Entscheidungen gerne nachdachte und sich dabei Zeit ließ, drängte Antonie Kraut auf rasche Entscheidungen.[112]

Die (vornehmlich männlichen) Kollegen schätzten Antonie Krauts Meinung und ihre Aufrichtigkeit – die sich auch in ihrem augenfälligen „aufrechtem Gang"[114] zeigte; ihre Sachlichkeit und juristische Prägnanz wurden hoch geachtet.[115]

OKR Keller brachte es auf den Punkt: „Ihr Wort gilt etwas im Rat der Männer".[116] Antonie Kraut wusste, was sie wollte und machte sich ihre Kompetenz für die Sache zunutze und legte Wert darauf, dabei bescheiden zu bleiben. Während der vielen Sitzungen war es nicht ungewöhnlich, dass sie lange schwieg, was die Anwesenden ihr durchaus als Unaufmerksamkeit hätten auslegen können.

„Wenn Fr. Dr. Kraut bei Herrn Keller war, um dienstliche Angelegenheiten mit ihm zu besprechen, kam sie manchmal mit rotem Kopf wieder aus seinem Büro und ließ die Türe hörbar ins Schloß fallen."[113]

Doch dann hob sie ihre Hand und brachte pointiert und deutlich ihre Sichtweise vor. Sie hatte die ganze Zeit konzentriert zugehört und sich eine Meinung gebildet.[118]

Im Jahr 1950 schlossen sich der LVIM und das Evangelische Hilfswerk sowie das Evangelische Landeswohlfahrtspfarramt schließlich zur Arbeitsgemeinschaft der Diakonischen Werke in Württemberg zusammen, nachdem in den vergangenen Jahren Forderungen zu einer Vereinigung immer lauter geworden waren.[119] Gotthilf Vöhringer hatte persönlich stark auf diese Zusammenführung hingewirkt, konnte jedoch aufgrund seiner schlechten gesundheitlichen Verfassung nicht mehr aktiv daran mitwirken.[120] Es sollte noch knapp 20 Jahre dauern, bis aus dieser Kooperation eine gemeinsame Organisation wurde.[121] Leiter der Arbeitsgemeinschaft der Diakonischen Werke in Württemberg wurde Herbert Keller.[122] Als besondere Herausforderung erwies sich dabei, ausreichend Unterkünfte zur Verfügung zu stellen. Mit den Flüchtlingsströmen kamen viele ältere Menschen nach Württemberg, deren Situation gravierend war, wie Antonie rückblickend beschrieb: „Schlimm sah es für die Alten, nicht mehr Arbeitsfähigen aus, die keine Angehörigen hatten, die für sie hätten sorgen können."[123] Das konnte sie mit Gewissheit beurteilen, da sie sich stets mit eigenen Augen ein Bild vor Ort machte und den persönlichen Kontakt sehr schätzte.[124] Die Suche nach Unterbringungsmöglichkeiten für diese Menschengruppe lief mit Hochdruck, und nach und nach ließen sich einige Erfolge verzeichnen. Zwar waren die Gebäude – darunter Schulen, Gaststätten, Einfamilienhäuser – nur bedingt geeignet, aber in der damaligen Notsituation Gold wert. Als die erste große Welle an Menschen untergebracht war, ruhten sich die Institutionen jedoch nicht auf dem Erreichten aus, sondern begannen, nach langfristigen Lösungen zu suchen. Dabei wurde schnell deutlich, dass Evangelisches Hilfswerk und LVIM als genuine Beratungsinstitutionen nicht in der Lage dazu waren, auch noch die Leitung hochprofessioneller Heime übernehmen zu können.

Eine Idee war geboren, die Antonie Krauts weiteres Leben stark beeinflussen sollte: Ein Träger für die Heime sollte gegründet werden.

Im Speisesaal des Flüchtlingsaltersheims Ludwigsburg

4. Die Krönung des (Arbeits-)lebens von
Antonie Kraut durch die Gründung der Evangelischen Heimstiftung

Antonie Kraut im Jahr 1984

„Die Krönung meiner Arbeit war 1952 die Mitgründung der ‚Evangelischen Heimstiftung'."[125]
Antonie Kraut (1997)

Das Jahr 1952 war für Antonie Kraut ein bedeutendes Jahr. Die Bundesländer wurden gegründet und Württemberg ging im Bundesland Baden-Württemberg auf. Inmitten dieser grundlegenden staatlichen Neustrukturierung gründete Antonie Kraut gemeinsam mit Paul Collmer und OKR Herbert Keller die Evangelische Heimstiftung (EHS) als eigenständigen Träger für die entstandenen Heime als Mitglied des Diakonischen Werks der evangelischen Kirche in Württemberg.
„Schließlich war es auf Dauer nicht Aufgabe des Landesverbands der Inneren Mission und des Hauptbüros des Evangelischen Hilfswerks, eine größere Zahl einzelner Heime, die im Land verstreut lagen, zu führen und neu zu gestalten"[126], so Antonie Kraut.

Entgegen der Vermutung, es könnte sich bei der Heimstiftung um eine Stiftung handeln, wurde die Form eines Vereins gewählt. Der Spitzenverband sollte sich ausschließlich der Arbeit als öffentliche Vertretung der diakonischen Einrichtungen widmen können.[127] Bis dato waren die neu gegründeten Einrichtungen alle von den Stuttgarter Zentralstellen aus verwaltet worden, was aufgrund der kontinuierlich ansteigenden Anzahl und den damit verbundenen Aufgaben nicht mehr tragbar war.[128]

Am 15. Februar 1952 fand die Gründungsversammlung statt. Die insgesamt 13 Anwesenden waren allesamt seit Jahren beruflich im Wirkungskreis der württembergischen Landeskirche engagiert. Etwa einen Monat später, am 21. März 1952, wurde die Evangelische Heimstiftung als Verein in das Amtsregister Stuttgart eingetragen. Die Satzung sah als Zweck vor, „Heime zur dauernden oder vorübergehenden Aufnahme notleidender oder bedürftiger Personen jeden Alters zu gründen, zu übernehmen und zu führen."[129] Als Vorstand wurde je ein Geschäftsführer des Evangelischen Hilfswerks und der Inneren Mission festgelegt. Antonie Kraut übernahm ehrenamtlich

---

Evangelische Heimstiftung e.V., Sitz Stuttgart

Gründungsversammlung am 15. Februar 1952.
Eintragung in das Vereinsregister des Amtsgerichts Stuttgart:
21.März 1952.

I. Teilnehmer an der ersten Mitglieder-(Gründungs-)versammlung:

1. Beck, Kuno, Direktor des Fürsorgeheims Heidenheim,
2. Betsch, Gotthold, Pfarrer in Großbottwar Krs. Ludwigsburg,
3. Keller, Herbert, Oberkirchenrat, Stuttgart, Reinsburgstr.46,
4. Kraut, Antonie, Dr.jur., Stuttgart, Reinsburgstr.46,
5. Lorch, Theodor, Dr., Direktor der Karlshöhe, Ludwigsburg,
6. Mohn, Maria, Diakonisse in Oberensingen Krs. Nürtingen,
7. Schmidt-Brücken, Arno, Kirchenrat, Stuttgart, Reinsburgstr.46,
8. Vöhringer, Gotthilf, D.Dr., Direktor in Zizishausen Krs.Nürt.,
9. Weeber, Rudolf, Dr., Direktor, Stuttgart, Gerokstr.21,
10. Faber, Professor, Tübingen, Hauff Str.10. (nicht anwesend)
11. Geißler, Landrat in Calw
12. Ritter, Heinr. Fabrikant in Esslingen, Blumenstr.13

II. Ausschuß:

1. Kraut, Antonie, Dr.jur., Stuttgart, Reinsburgstr.46,
2. Keller, Herbert, Oberkirchenrat, Stuttgart, Reinsburgstr.46,
3. Beck, Kuno, Direktor des Fürsorgeheims Heidenheim,
4. Schmidt-Brücken, Arno, Kirchenrat, Stuttgart, Reinsburgstr.46,
5. Weeber, Rudolf, Dr., Direktor, Stuttgart, Gerokstr.21

III. Vorsitzende:
Kraut, Antonie, Dr.jur., Stuttgart, Reinsburgstr.46

Stellvertreter:
Keller, Herbert, Oberkirchenrat, Stuttgart, Reinsburgstr.46

IV. Schriftführer:
Collmer, Paul, Dr.rer.pol., Stuttgart, Reinsburgstr.46

V. Geschäftsführer:
Collmer, Paul, Dr.rer.pol., Stuttgart, Reinsburgstr.46

Die Urkunde der Gründungsversammlung aus dem Jahr 1952

Satzung

I. Name, Sitz und Zweck

§ 1

Die Evangelische Heimstiftung e.V. mit dem Sitz in Stuttgart hat den Zweck, Heime zur dauernden oder vorübergehenden Aufnahme notleidender oder bedürftiger Personen jeden Alters zu gründen, zu übernehmen und zu führen.

Der Verein kann über die in Ziffer 1 genannten Zwecke hinaus jede andere im Rahmen der Inneren Mission gelegene Aufgabe übernehmen, soweit dies zur Linderung eines Notstandes erforderlich ist und damit ausschließlich und unmittelbar gemeinnützige, mildtätige und kirchliche Zwecke verfolgt werden. Die Übernahme neuer Aufgaben hat im Einvernehmen mit dem Landesverband der Inneren Mission und dem Hauptgeschäftsführer des Hilfswerks der Evang.Landeskirche zu geschehen.

Der Verein ist dem Landesverband der Inneren Mission in Württ. als Mitglied angeschlossen. Er verfolgt ausschließlich und unmittelbar gemeinnützige, mildtätige und kirchliche Zwecke. Seine Tätigkeit ist nicht auf Gewinn gerichtet.

Der Verein ist im Vereinsregister des Amtsgerichts Stuttgart eingetragen.

II. Mitgliedschaft

§ 2

Mitglieder des Vereins sind die Gründer. Die Mitgliederversammlung kann weitere Mitglieder aufnehmen. Sinkt die Zahl der Mitglieder unter 9, so muß eine Zuwahl erfolgen.

Die Mitglieder müssen der Evang.Landeskirche in Württemberg oder einer der ihr innerhalb der Oekumene verbundenen Kirchen angehören. Ihre Aufnahme bedarf der Bestätigung durch den Landesverband der Inneren Mission.

Die Mitglieder können jederzeit aus dem Verein austreten. Der Austritt hat durch schriftliche Anzeige an den Vorsitzenden zu erfolgen.

Ein Mitglied kann durch die Mitgliederversammlung ausgeschlossen werden, wenn seine Mitgliedschaft eine Gefährdung oder Schädigung des Vereins oder der Inneren Mission bedeutet.

Die Mitglieder haben keine Beiträge zu leisten. Sie haben keinen Anspruch an das Vereinsvermögen. Sie erhalten für ihre Tätigkeit keine Vergütung, ausgenommen Ersatz ihrer baren Auslagen.

Die Satzung des neu gegründeten Vereins Evangelische Heimstiftung e.V. aus dem Jahr 1952

den ersten Vorsitz, den stellvertretenden Vorsitz übernahm OKR Herbert Keller, und erster Geschäftsführer wurde Paul Collmer. Auch Gotthilf Vöhringer, der schon früh die Bedeutung eines solchen Trägers betont hatte, war mit von der Partie und bereits bei der Gründungsversammlung als Mitglied anwesend.[130] Somit wusste Antonie Kraut ihre wichtigsten Wegbegleiter an ihrer Seite. Obwohl die Zusammenarbeit gewohnt harmonisch verlief, bedeutete dies nicht zwangsläufig, dass es keinerlei Unstimmigkeiten gab. Wie bereits erwähnt, differierten die Arbeitsweisen Antonie Krauts und Herbert Kellers schon mal deutlich voneinander.

Bei Geschäftsaufnahme verzeichnete die EHS zwölf Heime, wovon zuvor acht der Inneren Mission und vier dem Evangelischen Hilfswerk angehört hatten.[131] 20 Jahre später betrug die Anzahl der Heime bereits über zwanzig, in den 1980er Jahren waren es bereits über dreißig Einrichtungen – Tendenz steigend.[132] Von den ursprünglichen Einrichtungen behielt man nur wenige bei, die meisten Heime wurden schließlich in Neubauten eröffnet.[133] Das war anfangs unvorstellbar gewesen:

„Um nach dem Krieg wenigstens vorübergehend den vielerlei Obdachlosen und Notleidenden ein Dach über dem Kopf zu verschaffen, waren die meisten Heime in zufällig leerstehenden oder gerade frei gewordenen Baulichkeiten untergebracht worden. Einige Provisorien wurden wegen fehlender besserer Möglichkeiten nach entsprechenden Umbauten zu Dauereinrichtungen. Der Gedanke an Neubauten war zu dieser Zeit noch in weiter Ferne. So mußten in den vorhandenen Heimen, so gut es eben ging, die Unterbringung erträglicher gemacht und die unzulänglichen Verhältnisse verbessert werden."[134]

Auch die EHS nahm ihre Geschäfte in bescheidenen Verhältnissen auf, denn anfangs fand die Hauptverwaltung Unterschlupf im Bürogebäude des LVIM.[135]

Im Laufe der Jahre richtete die EHS den Fokus immer stärker auf die Gründung neuer Alten- und Pflegeheime, deren Realisierung öffentlich und kirchlich gefördert wurden, aus.[136] Der Mut, sich dem Risiko eines Fehlgriffs beim Erproben neuer Konzepte zu stellen, zahlte sich durchaus aus. Die Etablierung von Beiräten in den Heimen sicherte die Kooperation mit Partnern auf lokaler Ebene, wie örtliche Behörden und Kirchengemeinden.[137]

Für Antonie war die Gründung der EHS ein herausragendes Lebensereignis, das sie gar als „Krönung" ihrer Arbeit empfand.[138] Die EHS profitierte fortan von ihrer juristischen Fachkompetenz ebenso wie von ihrer Art, den Menschen auf Augenhöhe zu begegnen. Antonie Kraut setzte sich immer wieder erfolgreich dafür ein, dass Arbeitsabläufe im Sinne der Menschen optimiert und auf deren Bedürfnisse zugeschnitten wurden. Die Altenpflegeheime sollten der Lebensqualität der Bewohner einen angenehmen Rahmen bieten und auch die Angehörigen entlasten. Denn „Kranke können Gesunde krank machen", erinnert sich eine ehemalige Mitarbeiterin noch lebhaft an die feste Überzeugung Antonie Krauts.[139]

In den Einrichtungen der Evangelischen Heimstiftung wurden viele innovative Konzepte erprobt und bei positiver Erfolgsbilanz langfristig implementiert. Viele der neuartigen Programme sind direkt auf Antonie Krauts Ideenreichtum zurückzuführen. Antonie Kraut „war Wegbereiterin für moderne Wohnformen in den Altenheimen."[140] Auf ihr Engagement hin wurde die Eigenverantwortung der Heimbewohner in Alteneinrichtungen maßgeblich gestärkt, beispielsweise führte sie Einzelzimmer mit eigenem Bad und die Auswahlmöglichkeit zwischen verschiedenen Menüs ein. Außerdem entstanden unter ihrer Federführung Fachkliniken für drogenabhängige Menschen sowie spezielle Hilfsprogramme für Menschen mit Behinderungen.[141]

Antonie Kraut im Gespräch mit einer Diakonisse

Einrichtungen der Evangelischen Heimstiftung von 1952 bis 1985

1952 15. Februar: Gründungs- und Mitgliederversammlung. Dr. Antonie Kraut wird Vorsitzende der Evangelischen Heimstiftung e.V.

Die Evangelische Heimstiftung übernimmt acht Einrichtungen von der Inneren Mission und vier vom Hilfswerk der Evangelischen Landeskirche in:
Blaubeuren, Alten- u. Pflegeheim
Dettingen, Alten- u. Pflegeheim
Gaildorf, Alten- u. Pflegeheim
Honau, Erholungsheim
Kirchberg/Jagst, Alten- u. Pflegeheim, Freizeit- und Gästeheim
Klein-Ingersheim, Kinderkrankenhaus
Kloster Lorch, Altenheim (1)
Leinfelder Hof, Altenheim
Ludwigsburg, Alten- und Wohnheim
Ludwigsburg, Männerheim
Burg Lichtenberg, Landheim für Jugendliche (2)
Rudersberg, Altenheim
Winnenden, Altenheim

1954 Kirchberg/Jagst, Kauf des so genannten „Langen Baus"

1955 Isny/Allgäu, Übernahme Versehrtenheim (3)

1956 Blaubeuren, Erwerb Alten- u. Pflegeheim „Villa Schmid" (4)
Bad Wildbad, Erwerb Hospiz- und Kurheim „Hotel Deutscher Hof"

1957 Engelsbrand, Eröffnung Kinderkrankenhaus (erster Neubau der EHS)
Klein-Ingersheim, Schließung Kinderkrankenhaus
Winnenden, Schließung Altenheim

1958 Kirchberg/Jagst, Übernahme „Schloß Kirchberg" (5)

1959 Rudersberg/Burg Lichtenberg, Einstellung des Betriebs beider Einrichtungen

1960 Vaihingen/Enz, Eröffnung Alten- u. Pflegeheim „Karl-Gerok-Stift" (erster Altenheimneubau der EHS)
Ludwigsburg, Schließung Männerheim

1961 Stuttgart, Anmietung Büroräume Augustenstraße 39b durch Hauptverwaltung

1962 Tübingen, Eröffnung Alten- u. Pflegeheim „Luise-Wetzel-Stift"
Schorndorf, Eröffnung Alten- u. Pflegeheim „Spittlerstift"
Balingen, Eröffnung Alten- u. Pflegeheim „Haus am Stettberg"
Stuttgart, Übernahme „Internationales Studentenheim" (seit 1964 Studentenheim „Theodor Heuss")

1964 Heidenheim, Pachtung „Hospiz"
Stuttgart-Degerloch, Erwerb „Katz'sches Anwesen" (ehem. Hautklinik)

1965 Stuttgart-Degerloch, Inbetriebnahme „Altenheim Jahnstraße 76"
Heidenheim, Eröffnung Alten- u. Pflegeheim „Hansegisreute"

1966 Gaildorf, Schließung Altenheim
Winnenden, Übernahme Betriebsführung des früheren „Kreiskrankenhauses"

1968 Besigheim / Bönnigheim, Übernahme der Krankenhäuser

1969 Bad Boll, Eröffnung Altenheim „Michael-Hörauf-Stift"
Böblingen, Eröffnung Alten- u. Pflegeheim „Haus am Maienplatz" (6)
Stuttgart-Degerloch, Eröffnung Alten- u. Pflegeheim „Haus auf der Waldau"

1970 Kressbronn, Erwerb Alten- und Erholungsheim „Haus Ottenberg" (7)
Giengen/Brenz, Eröffnung Alten u. Pflegeheim „Paul-Gerhardt-Stift" (8)

1971 Dornstadt, Übernahme „Altenzentrum Dornstadt"
Isny/Allgäu, Eröffnung Alten- u. Pflegeheim „Sonnenhalde" (9)
Kressbronn, Umbau Alten- u. Erholungsheim zur Tagungsstätte

Kloster Lorch, Altenheim (1)

Burg Lichtenberg, Landheim f. Jugendliche (2)

Isny/Allgäu, Versehrtenheim (3)

| 1972 | Reinerzau, Übernahme Sanatorium Kurhaus Reinerzau
Stuttgart, Umzug der Hauptverwaltung in die Stafflenbergstr. 22
Heilbronn-Sontheim, Eröffnung Alten- u. Pflegeheim
„Haus am Staufenberg" (10) |

| 1973 | Winnenden, Eröffnung Alten- u. Pflegeheim „Haus im Schelmenholz" |

| 1974 | Bad Mergentheim, Eröffnung Alten- u. Pflegeheim
„Eduard-Mörike-Haus" |

| 1975 | Uhingen, Eröffnung Alten- u. Pflegeheim „Blumhardt-Haus"
Dornstadt, Eröffnung „Fachschule für Altenpflege"
(erste Fachschule für Altenpflege in Baden-Württemberg) |

| 1976 | Calw, Eröffnung Alten- u. Pflegeheim „Haus auf dem Wimberg"
Friedrichshafen, Übernahme „Königin-Paulinenstift"
Brackenheim, Eröffnung Alten- u. Pflegeheim „Haus Zabergäu"
Winnenden, Aufgabe Belegkrankenhaus |

| 1977 | Dettingen/Teck, Erwerb Alten- u. Pflegeheim „Haus an der Teck"
Isny/Allgäu, Übernahme „Sportsanatorium"
Stuttgart, Übernahme Alten- u. Pflegeheim „Württ. Lutherstift"
Besigheim/Bönnigheim, Schließung der Krankenhäuser
Bad Wildbad, Stilllegung „Hospiz Deutscher Hof"
Besigheim, Eröffnung Alten- u. Pflegeheim „Robert-Breuning-Stift"
Engelsbrand, Umwandlung Kinderkrankenhaus in
„Gerontopsychiatrisches Pflegeheim" |

| 1978 | Stuttgart, Verkauf Studentenheim „Theodor-Heuss"
an das Studentenwerk Stuttgart |

| 1979 | Stuttgart-Botnang, Übernahme Alten- u. Pflegeheim „Karl-Wacker-Heim"
Böblingen, Eröffnung Tagespflegeheim im „Haus am Maienplatz"
(erstes Tagespflegeheim in Baden-Württemberg) |

| 1980 | Heidenheim, Auflösung „Hospiz"
Calw, Eröffnung „Fachschule für Altenpflege" |

| 1981 | Crailsheim, Eröffnung Alten- u. Pflegeheim „Wolfgangstift"
Bad Wildbad, Erwerb Pension „Haus Waldesruh" |

| 1982 | Bietigheim-Bissingen, Übernahme Alten- u. Pflegeheim
„Haus an der Metter"
Ludwigsburg, Schließung Alten- u. Pflegeheim |

| 1983 | Bietigheim-Bissingen, Eröffnung MS-Heim „Haus im Lindenhain" |

| 1984 | Dettingen/Teck, Eröffnung Neubau Alten- u. Pflegeheim
„Haus an der Teck"
Freudenstadt, Eröffnung Alten- u. Pflegeheim „Martin-Haug-Stift" |

| 1985 | Ulm, Übernahme Altenheim „Dreifaltigkeitshof"
Verabschiedung von Dr. Antonie Kraut aus dem
Vorstand der Evangelischen Heimstiftung e.V. |

Blaubeuren, Alten- u. Pflegeheim „Villa Schmid" (4)

Kirchberg/Jagst, „Schloß Kirchberg" (5)

Kressbronn, Alten- und Erholungsheim „Haus Ottenberg" (7)

Giengen/Brenz, Alten u. Pflegeheim „Paul-Gerhardt-Stift" (8)

Isny/Allgäu, Alten- u. Pflegeheim „Sonnenhalde" (9)

Heilbronn-Sontheim, Alten- u. Pflegeheim „Haus am Staufenberg" (10)

Böblingen, Alten- u. Pflegeheim „Haus am Maienplatz" (6)

Neben ihrem aktiven Engagement für Bedürftige machte sich Antonie Kraut auch für die Mitarbeiter in der EHS stark und legte besonderen Wert auf ein inklusives Miteinander. Sozial schwächer gestellte Mitarbeiter wie Menschen mit Behinderungen oder alleinstehende Frauen im Alter wurden von der Gemeinschaft mitgetragen. Es kam durchaus vor, dass sich Antonie Kraut höchstpersönlich aufmachte, um eine alleinstehende Mitarbeiterin zu besuchen. Allseits beliebt war auch die gemeinsame Kaffeerunde, die stets nach dem Mittagessen im Flur des 1. Stocks stattfand und dem – teilweise informellen – Austausch von Informationen untereinander diente: [142] Ein einfaches und dennoch innovatives *tool,* um das Arbeitsklima positiv zu fördern, das heutzutage in hochmodernen Arbeitssettings in sogenannten *lounges* eine Renaissance erfährt. Eine weitere Illustration der vorausschauenden Weitsicht Antonie Krauts, die trotz der positiven Annahme des kontinuierlichen Wandels die Vergangenheit hoch schätzte: Als sie beispielsweise beim Treffen ehemals verantwortlicher Mitarbeiter der Evangelischen Heimstiftung – selbst bereits im Ruhestand – im Jahr 1980 teilnahm, ermutigte sie abends – gemeinsam mit der ebenfalls teilnehmenden Ehefrau Paul Collmers – die Anwesenden dazu, zu erzählen, in welcher Weise sie in der EHS tätig gewesen waren. Dadurch gab sie der Erinnerung und Wertschätzung des Erlebten und Geleisteten Raum:

„Und was hier zutage gefördert wurde, (...) das war ein buntes und eindrucksvolles Bild der Geschichte der Evang. Heimstiftung mit allen Nöten und Schwierigkeiten der Nachkriegszeit. Bei allen spürte man das ganze Gefordertsein und den totalen jedoch freudigen Einsatz, der damals vonnöten war. (...) Bei allen Senioren kam immer wieder die Wertschätzung zum Ausdruck und daß sie gerne und mit großer Freude im Dienst der Ev. Heimstiftung gestanden haben."[143]

Obwohl sie die professionelle Distanz zu ihren Mitarbeitern und Kollegen stets wahrte, war es Antonie Kraut wichtig, präsent zu sein, und zwar nicht nur vom Schreibtisch aus sondern eben im persönlichen Kontakt vor Ort. Von Angesicht zu Angesicht erkundigte sie sich in den Einrichtungen der EHS nach dem Befinden der Organisation, aber auch der Bewohner.[144] Ihr starkes Engagement wurde von Kollegen und Mitarbeitern hochgeschätzt. Beim Festakt zum 40-jährigen Jubiläum der EHS sprach der damalige Vorsitzende der EHS, Kurt Ströbel, seiner Vorgängerin Antonie Kraut seinen Dank aus. Darin kommen die wichtigsten Merkmale ihrer Führungspersönlichkeit zum Ausdruck:

Kurt Ströbel

„Wir freuen uns, daß [*Frau Dr. Kraut* (...)] unter uns ist. Dies ermöglicht uns, ihr in dieser großen Versammlung den Dank für ausgestreuten Segen, Unermüdlichkeit und die jahrzehntelange praktische Anwendung der Beziehungen von Kirche und Welt und der Mitarbeitergewinnung, sowie der Präsenz in unseren Heimen: kurz für ihren *Leitungsstil* auszusprechen, von dem wir dauernden Nutzen ziehen."[145]

In der schriftlichen Ausführung seines Dankeslobs bezeichnete er Antonie Kraut gar als Glücksfall für die EHS:

Frau Dr. Kraut, Gründerin und Mutter der Evang. Heimstiftung, war und ist unser Glücksfall: Sie hat in einem 33-jährigen Vorsitz die Konzeption unseres Werkes geprägt, für hervorragende Berater aus Theologie, Diakonie und Wirtschaft in unserer Mitgliederversammlung gesorgt und in der Geschäftsführung und in den Heimleitungen bei der Besetzung leitender Ämter eine besonnene, souveräne Art und glückliche Hand gezeigt, die das Teamwork einschloß."[146]

Wenngleich Antonie die Gründung der EHS als Krönung bezeichnete, so bedeutete dies keineswegs den „krönenden Abschluss" ihrer beruflichen Karriere. Während ihrer Tätigkeit in der EHS und den anderen zahlreichen Ehrenämtern blieb Antonie Kraut weiterhin im LVIM beschäftigt.

In den letzten Jahren ihrer Berufstätigkeit setzte sie sich maßgeblich für die Gründung eines Diakonischen Werks in Württemberg ein. Bereits Gotthilf Vöhringer hatte sich für eine Fusion von LVIM und Evangelischem Hilfswerk stark gemacht. Die langjährigen Bestrebungen zahlten sich aus. Am 31.12.1969 fusionierten der LVIM und das Hilfswerk der Evangelischen Landeskirche in Württemberg unter Einschluss der freikirchlichen diakonischen Einrichtungen schließlich zum Diakonischen Werk Württemberg e.V. – und startete zum 1.1.1970 seine Geschäfte, wie es in ähnlicher Weise in den meisten anderen Landeskirchen bereits geschehen war.[147]

Bei der Fusion nahm Antonie Kraut eine bedeutende Rolle ein.

Als Juristin wurde sie gemeinsam mit ihrem Kollegen Herrn Doktor Hans Ulrich Schaudt mit ihren Fachkenntnissen hinsichtlich der rechtlichen Form der neuen Organisation betraut:

„Ich [Dr. H. U. Schaudt, T.K.] war damals als Jurist beim Oberkirchenrat tätig neben meiner Anwaltskanzlei her. Eines Tages sagte er [Dr. Rudolf Weber, Vizepräsident des Oberkirchenrates, T.K.]: ‚Herr Schaudt, vielleicht könnten Sie sich da etwas einschalten und etwas behilflich sein, bei der Fusion. Zusammen mit Frau Doktor Kraut.' Dann haben wir beide uns zusammengetan und haben zwei Entwürfe gemacht. Denn die Frage war, ob das Diakonische Werk als Organisation der Landeskirche geführt werden soll, oder als rechtlich selbstständiger Verein. Die Frau Doktor Kraut und ich haben beide Alternativ-Entwürfe gemacht. Wir haben uns aber für den Verein entschieden, vor allem im Hinblick auf die Befürchtungen einiger maßgeblicher Leute im Landesverband der

Inneren Mission. (...) Also man wollte den Zusammenschluss nicht gefährden, aber die Angst vor der diakonischen Bürokratie hat dann auch in der Vereinssatzung ihren Niederschlag gefunden. Aber man hat relativ früh die Vereinslösung in Angriff genommen. Nachdem man die Grundentscheidung gefasst hatte, waren es eigentlich mehr noch Detailfragen zur Ausgestaltung zur Satzung. Aber es war eigentlich niemand, der die Fusion grundsätzlich in Frage gestellt hat. Die Frau Doktor Kraut oder eigentlich alle haben sich dann, nachdem die Entscheidung gefallen war, hinter diese Lösung gestellt."[148]

Die Gretchenfrage, ob das Diakonische Werk ein selbständiger Verein oder eine unselbständige Institution der Landeskirche sein sollte, wurde letztlich eindeutig zugunsten der die Selbständigkeit gewährleistenden Form des Vereins beantwortet.

Der Zusammenschluss zum Diakonischen Werk wirkte sich positiv auf die örtlichen diakonischen Einrichtungen aus:
„Die Fusion der beiden bisher eigenständigen kirchlichen Werke ‚Innere Mission' und ‚Hilfswerk' zum ‚Diakonischen Werk der

evangelischen Kirche in Württemberg e.V.' (...) und die Verpflichtung der Kirchenbezirke als Träger der diakonischen Bezirksstellen zur Mitgliedschaft in unserem heutigen Landesverband bildeten weitere Grundlagen für eine qualifizierte Unterstützung und Begleitung der im Wachstum begriffenen örtlichen Dienste."[150]

Auch im DWW übernahm Antonie Kraut das Amt der juristischen Geschäftsführerin. In der Vereinssatzung wurde das Diakonie-Verständnis genau definiert. Dort heißt es unter Punkt 2:

„Diakonie ist gelebter Glaube der christlichen Gemeinde als Antwort auf die Verkündigung des Evangeliums. Sie erwächst aus der Liebe Gottes, die in Jesus Christus allen Menschen zugewandt ist. Alle Glieder der Gemeinde sind darum zur Diakonie gerufen. Diakonie sucht den bedrängten Menschen in der Nähe und in der Ferne, um ihm zu helfen. Sie ist bestrebt, auch die Not zu lindern, die ganze Gruppen von Menschen bedrückt, den Ursachen von Notständen nachzugehen und zu ihrer Behebung – auch gemeinsam mit anderen Institutionen – beizutragen."[151]

Nach zwei weiteren Jahren der Geschäftsführung legte Antonie Kraut ihr Amt im Diakonischen Werk Württemberg aus Altersgründen nieder. Ihr Ruhestand war eine Zäsur für das DWW, das an seine Mitglieder in einer zusammenfassenden Rückschau schrieb:

„Mit diesem Abschied hat eine Epoche der Diakonie in Württemberg ihren Abschluß gefunden. Es geht um jenen Zeitabschnitt, der in den wirren Tagen nach dem Zweiten Weltkrieg begann. Auf diesen schwierigen Anfang folgte der Wiederaufbau, an dem Frau Dr. Kraut einen wichtigen Anteil hatte. Sie erwarb sich mit ihrer reichen praktischen Erfahrung viel Vertrauen in den Einrichtungen der Diakonie der württembergischen Landeskirche und der Liga der freien Wohlfahrtsverbände. Auch an der Zusammenführung des Landesverbandes der Innern Mission und des Hilfswerks unserer Kirche hatte sie entscheidenden Anteil. Durch ihr Ausscheiden entsteht eine große Lücke und viele werden ihre durch langjährige Erfahrung begründeten Ratschläge in Zukunft vermissen."[152]

Die juristische Geschäftsführung übernahm zum 1. September 1971 Margarete Freudenreich.[153] OKR Albrecht Roos verfasste anlässlich der Verabschiedung Antonie Krauts ein biografisches Gedicht, das die durchaus humorvolle und vertraute Atmosphäre widerspiegelt.[154]

Abschied Fr. Kraut
1.10.71
in Degerloch

Hört Ihr Leut', seid endlich stille,
ich trage euch was vor
von einem Fräulein mit Gefühle,
das früh sein Herz verlor
an keinen stolzen Recken,
auch an kein queres Genie,
erst recht nicht an einen scheckigen Gecken,
nein - an die Diakonie !

In Stuttgart ward sie aufgezogen
als vornehmer Leute Kind.
Der Papa war ihr sichtlich gewogen,
auch Mägde und Hausgesind.
Die Villa stand am Buckel,
wo keine Trambahn fuhr,
da wuchs ihr durch's tägliche Raufgezuckel
fie stattliche Figur.

Ja damals, freunde, herrschten noch sitten,
die Mädchen war'n sittsam geniert.
Erst auf der Uni - noch kaum dort gelitten -
da hat man sich emanzipiert !
Sie hat - fast schien's zur Gaude,
im Hui, das wär' ja gelacht,
in juris prudenz und magna cum laude
'nen eigenen Doktor gemacht.

Ein Reich war dann zusammengebrochen,
es hat gebrannt und geraucht.
Die Leute kamen aus Kellern gekrochen.
Die Kirch' hat jemand gebraucht.
Der Bischof rief - sie rannte.
Die Lage war fatal,
so kam's, daß man sie damals ernannte
zu Vöhringer's Hofmarschall.

Gedicht von OKR Roos anlässlich des Abschieds von Antonie Kraut im Jahr 1971

Für Antonie bedeutete der Ruhestand aber keineswegs einen Ruhe-Zustand, im Gegenteil:

„Am 31. August 1971 bin ich als Geschäftsführerin in den Ruhestand getreten, habe aber danach noch ehrenamtlich in manchen Gremien mitwirken können, vor allem in der Evangelischen Heimstiftung, der ich heute noch aufs Engste verbunden bin; ich freue mich über das gute Gedeihen dieses großen und wichtigen Werkes, an dessen Gründung ich maßgeblichen Anteil gehabt habe."[155]

Den Vorsitz in der EHS behielt Antonie Kraut bei und nahm nach ihrer offiziellen Verabschiedung aus dem Vorstand ab 1985 als Ehrenmitglied an den Vorstandssitzungen teil, sofern es ihr zeitlich angesichts ihrer vielfältigen Verpflichtungen möglich war. Sie stimmte bei allen Vorgängen ab, obwohl sie offiziell kein Stimmrecht mehr hatte.[156] Ihr Einfluss war ungebrochen. Nachdem sie sich stark dafür eingesetzt hatte, Frau Doktor Annelies Kohleiss in die EHS zu holen, trat die anerkannte Expertin für Sozialrecht schließlich im Jahr 1975 in die Mitgliederversammlung ein.
Als 1985 Antonie Kraut nach 33 Jahren die EHS – zumindest als Vorstandsvorsitzende – verließ, war die EHS bereits zum größten diakonischen Träger im Pflegebereich Baden-Württembergs geworden. Die von Antonie Kraut hoch geachtete Annelies Kohleiss bildete fortan mit Direktor Kurt Ströbel den Vorstand.[157] Ein schöner Zufall, denn Ströbels Vater war in der Bauernpartei Mitglied gewesen, eben jene Partei, die Antonie Krauts Vater Heinrich Kraut u.a. zum Landtagspräsidenten gewählt hatte.[158]
Dass Antonie Kraut über drei Jahrzehnte lang im Vorstand tätig war, ist eine Besonderheit:

Antonie Kraut beim offiziellen Abschied aus dem Vorstand der EHS mit Kurt Ströbel

Antonie Kraut bei der Verleihung der Verdienstmedaille durch den damaligen Ministerpräsidenten Erwin Teufel

„In erster Linie ist es ein einmaliger, kaum wiederholbarer Vorgang, daß ein solches Amt mit dieser von allen Gremien und Personen voll bejahten Kontinuität bis ins hohe Alter mit jugendlicher Frische und stetem Engagement wahrgenommen wird."[159]

Antonie Krauts Engagement fand auch außerhalb der kirchlichen Grenzen Beachtung. Ihr „Wirken hat Fundamente gelegt für die partnerschaftliche Zusammenarbeit zwischen Sozialstaat und freier Wohlfahrtspflege."[160] 1993 schlug das Diakonische Werk der evangelischen Kirche Württemberg Antonie Kraut zur Verleihung der Verdienstmedaille des Landes Baden-Württemberg vor, die ihr schließlich 1995, 89-jährig, vom damaligen Ministerpräsident Erwin Teufel verliehen wurde.[161]

Hervorgehoben wurden einerseits ihr vielfältiges ehrenamtliches Engagement und andererseits ihre wichtige Rolle als Juristin bei der Ausgestaltung des Sozialstaats.[162]

> „In guter Tradition verwurzelt, erwies sie sich doch aufgeschlossen für die Erfordernisse der Gegenwart und der kommenden Zeit. Deshalb arbeitete sie durch Gutachten bei der modernen Sozialgesetzgebung mit und sah es als ihre besondere Aufgabe an für die Mitarbeiter in der Diakonie die schwierige Paragraphensprache in die Praxis sozialdiakonischen Dienstes zu übersetzen. Mit wohlbegründetem juristischem Urteil kämpfte sie für die Anliegen derer, die selbst keine 'Stimme' haben."[163]

In der Verlautbarung hieß es: „Frau Dr. Kraut hat sich besondere Verdienste um die Unterbringung, Betreuung und Rehabilitation von behinderten und in Not geratenen Menschen erworben. Sie gestaltete mit ihren organisatorischen Fähigkeiten und ihrem verantwortungsbewußten Wirken den Auf- und Ausbau der diakonischen Einrichtungen in Baden-Württemberg von der Bereitstellung von Unterkünften und Hilfsgütern für Flüchtlinge und Vertriebene in der Nachkriegszeit bis zur Schaffung von Heilstätten und Einrichtungen der modernen Jugendhilfe entscheidend mit."[164]

Der einst von Antonie Kraut so hochgeschätzte persönliche Kontakt wurde von den Nachfolgern weitergeführt. Zu ihrem 95. Geburtstag schrieb die Heimstiftung im Dezember 2000: „Drei Hauptgeschäftsführer aus drei Jahrzehnten Heimstiftungsgeschichte waren erschienen, um der großen alten Dame der Evangelischen Heimstiftung zu gratulieren."[165] Diese Geburtstagsbesuche endeten auch nicht, als Antonie Kraut selbst in ein Heim der Evangelischen Heimstiftung – in das Haus auf der Waldau – zog.

> „Ich erinnere mich, dass wir sie an ihrem Geburtstag besucht haben. Das war so üblich. Sie hatte am 11.11. Geburtstag und immer am 11.11. um 11 Uhr, die typische Zeit zu der man morgens früh jemanden besuchen kann, da haben die Geschäftsführer sie dann besucht."[166]

Ebenfalls im Jahr 2000 wurde die „Dr. Antonie-Kraut-Stiftung – Stiftung der Diakonie zur Förderung Sozialen Lernens" gemeinsam von neun diakonischen Einrichtungen gegründet. In Andenken an Antonie Kraut werden hier Kooperationsprojekte zwischen Jugendlichen aus Schulen und Firmen sowie Auszubildenden und Betreuten in diakonischen Einrichtungen ins Leben gerufen und unterstützt.[167]
Antonie Kraut blieb der EHS bis zu ihrem Tode treu verbunden. Ihre letzten Lebensjahre verbrachte sie im Haus auf der Waldau und verstarb dort am 18. März 2002.[168]

In einer Traueranzeige heißt es:
„Ihre Tatkraft verblieb ihr bis ins hohe Alter.
Ihr Urteil war unbestechlich, ihr Rat unentbehrlich.
Ihre Güte war groß.
In Dankbarkeit werden ihr ein ehrendes Andenken bewahren."[169]

Das Gedenken an Antonie Kraut wird weiter aufrechterhalten.
Alljährlich zu ihrem Geburtstag,
in Feiern anlässlich der Gründung der EHS,
bei Fachtagungen und Veranstaltungen,
bei denen an die Werte der Gründerin erinnert wird.

Antonie Kraut war eine beeindruckende Persönlichkeit,
deren Wirken bis heute deutliche Spuren zeigt.

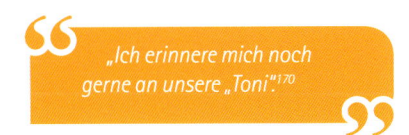

„Ich erinnere mich noch gerne an unsere „Toni".[170]

Antonie Kraut um 1980

Einleitung Thomas Mäule

Zwei scheinbar selbstverständliche Sätze stehen für Antonie Kraut. Zum einen der Schlüsselsatz „Helfen, wo geholfen werden muss". Zum anderen zieht sich die unausgesprochene Grundannahme durch ihre Vita: „In dir muss brennen, was du in anderen entzünden willst". Starke Antriebe entstehen für Antonie Kraut im Brennpunkt gemeinsamer Überzeugungen und Motive. Die Botschaft und das Beispiel des Jesus von Nazareth gehört für sie zur Wurzel aller diakonischen Kultur. Der kirchliche Sendungsauftrag hat für sie das Potenzial, dem gesellschaftlichen Versorgungsauftrag eine Seele zu geben.

Die Erinnerung an Antonie Kraut lässt den Wunsch wach werden: nach einem Mehr an Gutem und Bescheidenem, nach einem Mehr an Zuwendung, ein Mehr an Wiederholungen kluger Handlungen, Mehr an Arbeitsfreude, Mehr an Eigenverantwortung, Mehr an Vertrauen. Wie aber bringen wir jene Prozesse der Multiplikation in Gang, die das Richtige stärken, vermehren und wirksam werden lassen? Nicht die Asche zu hüten, sondern die Flamme weiterzutragen ist die Aufgabe heute.

Wir
angeregtes

In einem zweiten Teil des Buches finden sich dazu inhaltliche Impulse, reflexive und kontemplative Elemente. 13 Beiträge zeigen lebendig und anschaulich, wie Antonie Kraut nicht nur inspiriert, sondern bis heute berührt und bewegt. Persönliche Erinnerungen ergänzen sich mit fachlichen Perspektiven. Die vorwärtsweisende Auseinandersetzung übt sich in Wertschätzung des Vorhandenen und zeigt, was wir nicht mehr zu erfinden brauchen, weil es schon vorhanden ist. Viele Beispiele für das Kreativitätspotenzial in der Heimstiftung finden sich, die ermutigen, querständig weiterzudenken und ganz Neues zu probieren. Angeregtes „Weiterwirken" ist möglich.

ksamkeit &
Weiterwirken

Die Zentrale der Evangelischen Heimstiftung trägt den Namen ihrer Gründerin. Das Antonie-Kraut-Haus befindet sich in Stuttgart-Ost, direkt am Stöckach. Pünktlich zum 65-jährigen Firmenjubiläum war im Frühjahr 2017 der Neubau fertig. Ziel des architektonischen Konzeptes war es, alte Bausubstanz und Moderne in einen konstruktiven Dialog treten zu lassen und so ein harmonisches Nebeneinander von Altem und Neuen zu erreichen. Das Konzept verbindet damit Werte, für die die Evangelische Heimstiftung steht: Tradition und Kontinuität, Offenheit und Kommunikation, Kreativität und Innovation. Das Antonie-Kraut-Haus ist

Antonie-Kraut-Haus – dem Namen verpflichtet

Antonie-Kraut-Haus – Innenhof

Dienstleistungs- und Schulungszentrum für die gesamte Heimstiftung. 205 moderne und helle Arbeitsplätze finden darin Platz, schöne Konferenzräume, ein freundliches Betriebsrestaurant, ein würdiger Raum der Stille. In der Tiefgarage stehen 82 Parkplätze zur Verfügung, u.a. mit Ladestation für Elektrofahrzeuge. Im obersten Stock, unter dem sogenannten „Stuttgarter Dach", befindet sich ein großer Saal mit abtrennbaren multifunktionalen Räumen. Von dort hat man einen fantastischen Blick über die Dächer von Stuttgart. Hinter dem Gebäude gibt es einen großen Garten mit Aufenthaltsmöglichkeiten für Mitarbeitende und Gäste.

Der Andachtsraum im Antonie-Kraut-Haus als Ort der Besinnung und Ermutigung

Dörfer und Städte brauchen eine Seele. Und auch ein Verwaltungsgebäude braucht einen Ort, wo die Seele ein Zuhause hat. Der Andachtsraum im Antonie-Kraut-Haus ist so ein Ort, der Kraft gibt. Er ist anders als Arbeitszimmer, Konferenzräume oder Cafeteria. Er spiegelt nicht den Alltag, sondern führt von ihm weg. Er unterbricht ihn und bietet eine Andersheit, die einen in eine neue Rolle bringt: als Beter und Hörer, als Singender oder Nachdenklicher. Wir sprechen dort anders, verhalten uns anders, werden ruhiger oder unruhiger durch die Ruhe des Raumes.

Andachtsraum im Antonie-Kraut-Haus

Es ist ein Raum der Stille. Ein schlichter Raum, kein Erlebnisbereich. Sitzhockern ist jede Gemütlichkeit fremd. Es ist ein Ort der Besinnung und Ermutigung. Texte der Bibel werden gelesen, Geschichten erzählt. Es wird gebetet, gesungen. Wo gibt es das, dass Menschen miteinander singen, ohne dass sie geübte Sänger sind?

Der Andachtsraum ist offen und zugänglich. Wer ihn betritt spürt, dass er zu mir redet. Er erklärt die Fundamente christlichen Glaubens. Ja, er ist ein Stück Mission. Wie auch Wurzeln der Evangelischen Heimstiftung in der Tradition der Inneren Mission liegen. Mission heißt: zeigen, was man liebt. Was man liebt, hält man nicht in einem geheimen Winkel.

Der Andachtsraum ist bewusst Teil des Antonie-Kraut-Hauses. Er birgt ein ungeheures Potenzial. Erstaunlich ist, dass die Anziehungskraft des Raumes auch die erfasst, die sonst nicht auf Kirchenbänken sitzen. Vielleicht weil die Seele hier ein Zuhause hat. Mit der Botschaft: Du bist willkommen, egal woher du kommst, was du kannst, wie du bist. Vielleicht weil die glaubende Erwartung von ihm ausgeht, dass in und zwischen den verschiedenen (Funktions-) Räumen Gottes Geist weht und erfahrbar wird: Das Antonie-Kraut-Haus ist ein Ort, in dem die Liebe Gottes wohnt, in dem durch Flure und Räume Gottes guter Geist weht, bei allem, was dort geredet, verhandelt und ja, auch verwaltet wird.

„Mission heißt: zeigen, was man liebt. Was man liebt, hält man nicht in einem geheimen Winkel."

Diakonische Unternehmenskultur

Was zeichnet diakonische Unternehmenskultur aus? Vieles hat die Evangelische Heimstiftung mit anderen Unternehmen der Sozialwirtschaft gemeinsam. Das ist nicht verwunderlich in einer von der christlichen Tradition geprägten Kultur, die sich in vielen Leitbildern spiegelt. Aber es gibt auch Kulturaspekte, die sie von anderen unterscheidet. Wie aber lässt sich das, was die Heimstiftung anders sein lässt, fassen? Worin zeigt sich dieser „andere Geist"? Bei einem DiakonieProfil-Tag haben Mitarbeitende der Zentrale sich anhand von Bildern der Frage genähert: was verbinden wir mit Diakonie? Schwerpunkte wurden sichtbar in der Qualität menschlicher Beziehungen zu Bewohnern (Mitmenschlichkeit, Geborgenheit, Fürsorge), im Kontakt zu Kolleginnen und Kollegen (Team, Gemeinschaft), aber auch in der gesellschaftlichen Solidarität und Anwaltschaft (wie sie in Handlungsgrundsätzen und Positionspapieren der Heimstiftung zum Tragen kommen). Und: in gelebten Werten, in Haltung und Einstellung, im „Wie" wir die Arbeit machen, in der Wahrnehmung von Kunden und Mitarbeitern. Ganz offensichtlich braucht ein diakonischer Träger „entwickelte Menschlichkeit", braucht Werte. Professionalität allein läuft Gefahr, Perfektion und Kontrolle zum alleinigen Maßstab werden zu lassen.

Werte brauchen Vorbilder

Werteorientierung macht aus, was ein Unternehmen anders sein lässt als die anderen: nach innen und außen. Nach innen wirkt sich Werteorientierung auf den Umgang miteinander aus. Es entsteht eine Kultur, die von Offenheit, Vertrauen und Aufrichtigkeit getragen ist. Ressourcen werden aktiviert, spürbares Vertrauen verschlankt Prozesse und reduziert das Regelwerk. Nach innen gelebte Werte entfalten ihre Wirksamkeit nach außen. Sie geben Bewohnern und Kunden Handlungssicherheit. So entsteht Kundenbindung: von Vertrauen und gegenseitigem Interesse getragen.

Werte stehen aber nicht nur in Handlungsgrundsätzen und Leitbildern. Sie brauchen vor allem Vorbilder. Sie brauchen Menschen, die Werte leben, die mit Beispiel voran gehen. Nicht nur Führungskräfte, sondern vernetzt auf allen Ebenen. Jeder ist und kann für jeden ein Vorbild sein. Diese – typisch protestantische – Sichtweise hat den Vorteil, dass Lernen über Vorbilder ins breite Bewusstsein aller Mitarbeiter Eingang findet.

Fachtag „Wurzeln spüren – Neues wagen"

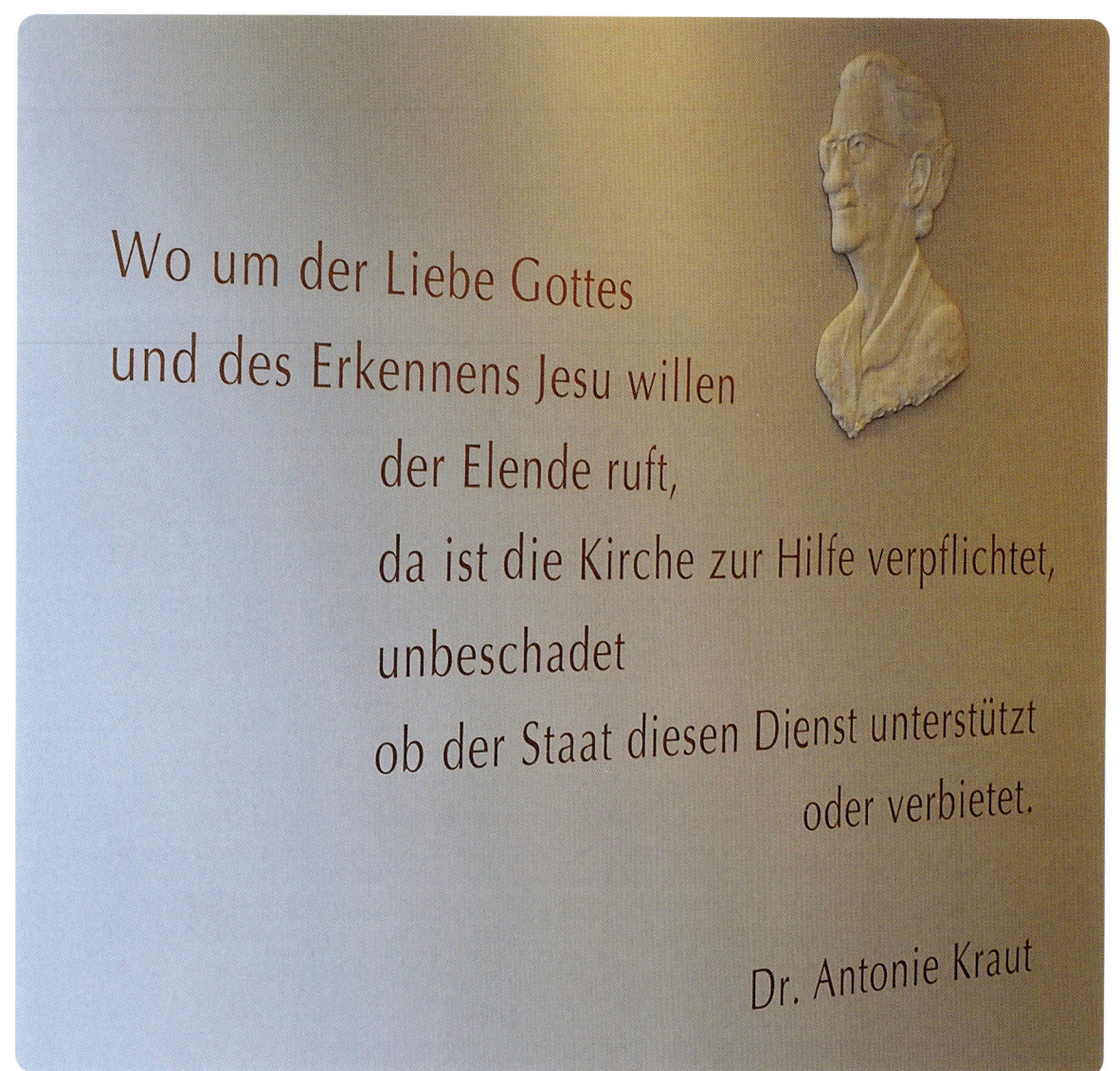

Wo um der Liebe Gottes
und des Erkennens Jesu willen
der Elende ruft,
da ist die Kirche zur Hilfe verpflichtet,
unbeschadet
ob der Staat diesen Dienst unterstützt
oder verbietet.

Dr. Antonie Kraut

Relief am Eingang des
Antonie-Kraut-Hauses

„Refounding" und das Ziel, Gründungsideale wieder neu zu entfachen, sind in der Heimstiftung bedeutsam. Refounding beschreibt einen Prozess der Neuausrichtung durch Bezug auf sein eigenes Fundament. Was ist der Grund, weswegen es die Heimstiftung überhaupt gibt? Was ist der Grund, in dem sie ihre Wurzeln hat? Was können wir lernen von Antonie Kraut mit ihren Ideen und Wertvorstellungen? Wie können wir uns neu verwurzeln? Und wie können wir aus unseren Wurzeln neu Kraft schöpfen? Als Unternehmen, als Zentrale, Abteilung und Team? Aber auch ganz persönlich als Mitarbeiterin und Mitarbeiter der Heimstiftung. „Wer weiß, wo er herkommt, ist auf einem guten Weg in die Zukunft", hat ein Fachtagsteilnehmer den gemeinschaftlichen Prozess aller auf den Punkt gebracht. „Refounding" bleibt nicht in musealer Erinnerung stecken, steht auch nicht unter Denkmalschutz. Vielmehr wird die Gründungsidee in Gegenwart und Zukunft aktualisiert und stellt Wesenselemente einer Organisation auf den Prüfstand: Ziele, Strukturen, Marktauftritt, Führungsstil, Kultur, Umgang mit Ressourcen. „Wurzeln spüren – Neues wagen" ist die zugrundeliegende Idee: Raum schaffen für Neues, Neues zulassen, ohne Bewährtes aus dem Blick zu lassen. Die ureigenen Ziele – ausgehend vom Gründungsakt – neu zu bedenken, sich mit der Gründungsgeschichte auseinanderzusetzen. Sich mit Idealen zu identifizieren und Werte im Austausch mit Bedeutung und Inhalten zu füllen.

2. Zukunft(s)gestalten

Gespräch mit Bernhard Schneider,
seit 2011 Hauptgeschäftsführer der Evangelischen Heimstiftung

Mit Visionsgeist und Weitsicht traf Antonie Kraut grundlegende Entscheidungen für die Zukunft. Dabei scheute sie nicht davor zurück, innovative Konzepte auf ihre Umsetzbarkeit auszutesten. Seit dem 1. Januar 2011 ist Hauptgeschäftsführer Bernhard Schneider für die Fortführung dieser Tradition verantwortlich. Im Gespräch mit Teresa Kaya spricht er über Strategien, Projekte und persönliche Ansichten zum Thema Innovation.

Lassen Sie mich das Gespräch ungewöhnlich beginnen.
Auf welche Fragen hatten Sie als Hauptgeschäftsführer zunächst keine Antwort?

Wer hat schon Antworten auf alle Fragen? Ohnehin ist es für einen Chef besser, Fragen zu stellen, als Antworten vorzugeben. Meine Aufgabe sehe ich also eher darin, über den Tellerrand zu schauen und immer wieder nach Alternativen zu fragen. Die EHS hat, wie die allermeisten diakonischen Träger auch, eine institutionell geprägte Geschichte, die von der Überzeugung geprägt ist: „Wir haben den biblischen Auftrag, den Menschen zu helfen. Wir sind die Profis und wir wissen, was für die Leute gut ist." Dieser Zugang

passt nicht mehr in die heutige Zeit. Stattdessen sollten wir uns an einem Jesus von Nazareth orientieren, der auf die Knie geht, um den Menschen zu dienen, und der sie danach fragt, was für sie das Richtige ist. In diesem Sinne beschäftigt mich als Hauptgeschäftsführer eine zentrale Frage: „Was können wir jeden Tag aufs Neue tun, um die Lebensqualität der Menschen in unseren Einrichtungen und Diensten zu verbessern?" Auf diese Frage gibt es natürlich nicht die eine Antwort, sondern ganz viele verschiedene. In einer Vielzahl von Projekten suchen wir nach den besten Antworten und kreativsten Ideen und stoßen damit natürlich auch Innovationen an.

Was bedeutet es konkret, im Pflegewesen innovativ zu sein?
Und wer trägt dafür die Verantwortung, dass Innovation überhaupt stattfindet?

Innovation ist nicht die Idee an sich. Die steht vielleicht am Anfang. Innovation entsteht erst dann, wenn sie auf dem Boden angekommen ist. Das heißt, wenn ein innovativer Prozess oder ein neues Produkt nicht nur im Schaufenster steht, sondern wenn es tatsächlich in der Praxis angenommen ist und die Lebenssituation der Menschen konkret verbessert. Bis dahin ist es ein langer Weg, und man darf das eine nicht mit dem anderen verwechseln, sonst betreibt man Innovation um seiner selbst willen, ohne zu merken, dass man sich im Kreis dreht. In unserem Innovationszentrum beschäftigen wir Mitarbeiter, die den Auftrag haben, quer zu denken, reinzugrätschen, neu zu denken, sich loszulösen von Bisherigem. Dort entstehen die Ideen, die dann aber mit der Praxis verzahnt, sorgfältig evaluiert und vor Ort umgesetzt werden müssen.

Das sind stark strukturierte Abläufe, die Sie beschreiben. Wie kann man sich das konkret im Innovationszentrum vorstellen?

Die Heimstiftung hat nicht gesagt „Wir machen jetzt ein Innovationszentrum und das ist dann zuständig für die Innovation." Das wäre ein Feigenblatt und funktioniert ja gerade nicht. Die ganze Organisation muss bereit sein, sich neuen Ideen zu öffnen. Wie kann man das erreichen? Dazu gehören gute Strukturen und gute Mitarbeiter. Deshalb war die erste Entscheidung, das Innnovationszentrum als Stabsstelle zu gründen, mit guten, fitten, querdenkenden Leuten, die sozusagen außerhalb der operativen Strukturen stehen. Gleichzeitig war es wichtig, den innovativen Impuls in das ganze Unternehmen zu geben, und deshalb haben wir in unserer Innovationsstrategie die Agendaprojekte kreiert. Das sind über alle Berufsgruppen und Hierarchieebenen hinweg besetzte Projektgruppen, die direkt der Geschäftsführung berichten und die Themen bearbeiten, die für alle Einrichtungen der EHS von strategischer Bedeutung sind. Die Agendaprojekte werden jährlich festgelegt und in einem Projekteplan zusammengefasst, damit jeder darüber informiert ist und sich einbringen kann.

Wir haben nun über Innovationen als Prozesse gesprochen, die geplante und kontrollierte Veränderungen darstellen. Wie gehen Sie als Hauptgeschäftsführer mit ungeplanten Veränderungen in der EHS um?

Unsere Evangelische Heimstiftung ist strategisch so aufgestellt, dass es uns meistens gelingt, Entwicklungen zu antizipieren und rechtzeitig darauf zu reagieren. Wenn trotzdem plötzlich eine unvorhersehbare Situation entsteht, dann können wir ziemlich schnell alle wichtigen Leute zusammenbringen, die Situation analysieren, Alternativen überlegen und einen Plan machen. Dann ziehen alle an einem Strang, und die Maßnahmen werden ohne Wenn und Aber ergebnisorientiert umgesetzt. Damit das funktioniert, braucht es natürlich die richtigen Strukturen. Aber die wichtigsten Voraussetzungen sind Teamgeist und ein Unternehmensverständnis, das von Partizipation, Offenheit und Transparenz geprägt ist. Ein Unternehmen, und die EHS gehört zweifellos dazu, in dem die Lösungsfinder in der Mehrheit und die Problemsucher eine Minderheit sind, braucht sich vor Veränderungen nicht zu fürchten.

Stichwort Fundament: Bei allen internen wie äußeren, geplanten und ungeplanten Veränderungen – wie viel Beständigkeit braucht Innovation?

Mein Vorgänger Wolfgang Wanning hat mir bei seiner Verabschiedung den Satz mit auf den Weg gegeben: „Bau das Neue auf dem Fundament des Alten, nicht auf seinen Trümmern". Daran halte ich mich.

Ich bin mir der Tradition und der Werte, für die unsere Evangelische Heimstiftung steht, sehr bewusst. Das gibt nicht nur mir, sondern dem gesamten Führungsteam und allen Mitarbeitern Halt und Orientierung. Es ist also der gut bestellte Boden eines Unternehmens, auf dem Neues wachsen und gedeihen kann.

Unser Leistungsversprechen „Gute Pflege hat einen Namen – Evangelische Heimstiftung" ist ein gutes Beispiel dafür. Wir versprechen in unseren Pflegeheimen und Mobilen Diensten seit 65 Jahren gute Pflege und arbeiten beständig daran, diese Qualität weiter zu verbessern. Wenn wir dieses Qualitätsversprechen und die Erwartungen unserer Kunden aber wirklich ernst nehmen, müssen wir bereit sein, bekannte Pfade zu verlassen und uns fragen: „Wie sieht unser Pflegeheim und unser Pflegedienst 2020 aus?"

Es war der erste und wichtigste Auftrag an das Innovationszentrum, darauf eine Antwort zu finden. Diese Antwort haben wir jetzt in 2018 mit einem Konzept WohnenPLUS, einem Umsetzungshandbuch und einer Agendaprojektgruppe, die für die ersten 6 Bauprojekte jeden einzelnen Prozess durchdekliniert. WohnenPLUS ist mit einem Bürger-Profi-Technik-Mix unsere ambulante Antwort auf die Frage, wie pflegebedürftige Menschen möglichst lange und mit hoher Versorgungssicherheit selbstbestimmt leben können. Bei der Umsetzung trifft Innovation auf professionelles Handwerk.

Gibt es noch ein Beispiel für gelungene Innovation?

Ja, und die heißt ALADIEN, was ausgesprochen „Alltagsunterstützende Assistenzsysteme mit Dienstleistungen" bedeutet. Ausgehend von drei Lebenslagen älterer Menschen, hat sich das Innovationszentrum mit einer Agendaprojektgruppe die Frage gestellt, welche technischen Assistenzsysteme Sicherheit und Selbstständigkeit im Alter erhöhen können. Daraus ist zusammen mit einem Startup-Unternehmen aus Berlin ALADIEN entstanden. Seit 2017 wird dieses System in alle Betreuten Wohnungen der EHS und alle Pflegewohnungen in WohnenPLUS eingebaut.

Dieses Projekt zeigt wie wichtig es ist, dass gerade wir als diakonisches Unternehmen uns den drängenden Fragen der Digitalisierung stellen. Wir schaffen es mit unseren Werten und unserem Menschenbild, den Menschen und nicht die Technik in den Mittelpunkt zu stellen; wir legen Wert darauf, nicht nur wirtschaftliche und technische, sondern vor allem auch die damit verbundenen ethischen Fragen zu klären. Technik soll unterstützen, sie darf die menschliche Zuwendung jedoch niemals ersetzen.

Wer darf Sie denn darauf hinweisen, wenn ein innovatives Projekt nicht gut ankommt?

Jeder. Ich weiß natürlich, dass sich das nicht alle Mitarbeiter trauen. Deshalb ist es wichtig, die Ruhe zu haben, richtig hinzuhören, dann kriegt man den Widerspruch schon mit. Auch wenn ich nicht immer darauf höre, bin ich doch überzeugt: Widerspruch ist wichtig! Naja und am wichtigsten ist es natürlich auf die Kunden zu hören, und die scheuen sich nicht, ihre Meinung zu sagen, und das ist auch gut so.

Nun lade ich Sie abschließend dazu ein, der Fragende in diesem Gespräch zu sein. Wenn Sie Frau Dr. Antonie Kraut begegnen dürften, welche Fragen würden Sie ihr gerne stellen?

Ich würde sie fragen: „Frau Kraut, was war das innovativste Projekt, das Sie angestoßen haben?" und „Bei welchem Projekt haben Sie von wem am meisten Gegenwind bekommen?" Ich bin sicher, die Widerstände waren damals nicht kleiner als heute. Letztlich würde ich eine so erfahrene Pionierin auch fragen, welchen Rat sie mir geben würde in der heutigen Zeit.

Das Gespräch führte Teresa Kaya am 16. März 2018 in Stuttgart

Hauptgeschäftsführer Bernhard Schneider und Teresa Kaya

3. Den Spiegel vorhalten

Ein Beitrag von Ralf Oldendorf

Am 1. September 1984 kam ich zur Evangelischen Heimstiftung. Das ist jetzt 34 Jahre her, das war nach dem Studium. Ich war dort zunächst Heimassistent und wurde dann Heimleiter in einer großen Einrichtung in Winnenden. Dr. Antonie Kraut hat mich am 3. April 1985, damals 79-jährig, ins Amt als Heimleiter eingeführt. Zunächst hat Antonie Kraut eine Rede gehalten über die Evangelische Heimstiftung und über das Haus, das ich übernehmen sollte. Dann haben Landrat, Oberbürgermeister und der Geschäftsführer der Heimstiftung gesprochen.

Auf einmal sehe ich auf der Rednerliste auch meinen Namen stehen. Der für mich zuständige Referent hatte mir diese Rednerliste im Vorfeld nicht gegeben. Die Zentrale hatte das Programm morgens gedruckt und auf den Stühlen verteilt. Alle haben geredet – und dann stand da: „Ausblick: Ralf Oldendorf, Heimleiter". Ich war mit 27 Jahren der damals jüngste Heimleiter der Heimstiftungsgeschichte. Mir rutschte das Herz in die Hosentasche, mulmig war mir zumute. Am 1. April sind wir in Winnenden aufgezogen und am 3. April war Amtseinsetzung. Ich kannte vorher weder Antonie Kraut noch den Oberbürgermeister und den Landrat. Und nun stand als Nächstes mein Name auf der Rednerliste, ich musste vorgehen und stand vor 100 bedeutenden Persönlichkeiten, meiner Vorstandsvorsitzenden und meinen Geschäftsführern. Mir blieb nichts anderes übrig als eine Rede zu halten, die ich nicht vorbereitet hatte.

Als Diakon sagt man: „Lieber Gott. Jetzt schicke gute Gedanken." Als Thema meiner Stegreifrede wählte ich „Unser Heim soll Heimat sein". Das fiel mir spontan ein. Heimat für Mitarbeiter. Heimat für Bewohner. Heimat für Angehörige. Heimat für Menschen, die neu kommen und bis zuletzt Heimat für Menschen, die sterben. Das habe ich ausgeführt und die Anwesenden waren begeistert. Wer kann heute noch eine Rede halten, ohne vom Blatt abzulesen? Ich konnte das, weil ich keine Rede hatte!

Ralf Oldendorf, Prokurist im Geschäftsbereich Regionen und Markt
Bild aus 2004

Bild aus 2017

Nach der Veranstaltung hat Antonie Kraut mich an die Seite genommen und gesagt: „Junger Mann, das haben Sie sehr gut gemacht. Aber ich habe gemerkt, Sie haben sich nicht vorbereitet. Sie werden viele Situationen haben, in denen Sie als Heimleiter spontan reagieren, agieren und entscheiden müssen. Aber da, wo Sie sich vorbereiten können, da bereiten Sie sich bitte vor. Das merken Sie sich jetzt für Ihr ganzes berufliches Leben."

Keiner hat mich angesprochen, keiner hat es gemerkt. Antonie Kraut aber hat es gespürt und gewusst: Der junge Kerl, frisch vom Studium, der hat sich nicht vorbereitet. Und sie hat es ihm ungeschminkt gesagt. Unmittelbar und nah hat sie mir den Spiegel hingehalten. Das ist nicht einfach für den, der die Mahnung hören soll, aber auch nicht für die, die sie ausspricht. Antonie Kraut bin ich dafür bis heute dankbar.

Wenn ich das neue Antonie-Kraut-Haus durch den Haupteingang betrete, sehe ich täglich an der Wand ihr Relief und ihre Worte zu Kirche und Staat. Sie wacht hier über uns. Und das ist gut so.

Im Mai 2018
Ralf Oldendorf

Dank Humor

Anlässlich ihres 70. Geburtstags bekam Antonie Kraut von Mitarbeitenden des Diakonischen Werks Württemberg einen Kosmetikspiegel geschenkt, der auf einer Seite vergrößert. Als Dank schrieb sie zurück:

„Denen in der Reinsburgstraße
dank ich herzlich für die Gabe,
draus erseh' ich meine Nase
doppelt gross, als ich sie habe.
Eitelkeit entfliehet eilig,
wenn zu lang davor verweil' ich.
Doch es schaffet dieses Schenken
täglich freundliches Gedenken
an der Mitarbeiter Schar.
Hoch ich schätze sie fürwahr.

Ihre Antonie Kraut
Stuttgart, 24. November 1975"

4. Im Alter Mensch sein

Gespräch mit Irmgard Demmin.
Mit 86 Jahren lebt sie mit ihrem Mann im Betreuten Wohnen im Adam-Rauscher-Haus in Tauberbischofsheim.

Die Kunst des Alterns lernen. Wie gelingt das?
Darüber möchte ich gerne mit Ihnen sprechen, Frau Demmin.
Seit wann glauben Sie zu altern? Können Sie sich erinnern,
wann Sie genau das Gefühl hatten, nun alt zu sein?
Ab wann ist man alt?

„Im Grund geht das unmerklich. Man rutscht ins Alter. Und dann gibt es ein einschneidendes Erlebnis. Das war der Schlaganfall meines Mannes. Da musste ich viele Dinge übernehmen, die zuvor mein Mann bewerkstelligt hatte. Ich habe mit 75 Jahren gespürt, nicht mehr so belastbar zu sein. Dass ich schlechter höre, dass ich eher müde werde. Der Garten war mir zu viel. Ich habe gemerkt: jetzt brauche ich Hilfe. Jetzt bin ich alt. Das zu akzeptieren war nicht einfach".

Da werden Grenzen sichtbar, auch wenn unsere Gesellschaft gerne die unbegrenzten Möglichkeiten preist. Wie gelingt das: gelassener dem Älterwerden entgegenzutreten?

„Das Alter muss man annehmen. Man spürt, dass die Kräfte nachlassen. Man blickt zurück. Man spürt Grenzen. Es ist wichtig, das nicht einfach zur Seite zu schieben, sondern ernst zu nehmen. Und zu akzeptieren, dass die Zeit, die man hat, immer weniger wird".

Worauf freuen Sie sich?
„Ich freue mich auf jeden Tag. Jeder Tag bringt etwas Neues. Und vielleicht, wenn ich es von der richtigen Seite anschaue, auch etwas, worauf ich mich freuen kann. Jeder Tag, den ich erleben kann, ist für mich ein Geschenk. Das Gedicht „Ich wünsche dir Zeit..." drückt aus, was für mich Alter ist.

> Ich wünsche dir Zeit, zu dir selber zu finden,
> jeden Tag, jede Stunde als Glück zu empfinden.
> Ich wünsche dir Zeit, auch um Schuld zu vergeben.
> Ich wünsche dir: Zeit zu haben zum Leben!"

Was ist für Sie Glück im Alter?
„Einen Mann zu haben – mit dem ich seit 62 Jahren verheiratet bin. Oder: Mitbewohner zum Geburtstag zu besuchen. Oder: im Heimbeirat tätig zu sein, Feste oder Gottesdienste mitgestalten zu dürfen. Oder: die Vögel, die Mauersegler vom Balkon aus zu beobachten. Es gibt so viele Glücksmomente. Man muss sie nur erkennen".

Ist Altern auch mit Heiterkeit verbunden?

„Ja! Wenn Pflegekräfte mich hier sehen, die strahlen mich an. Die freuen sich über ein Lächeln und lächeln zurück. Ich weiß, ein schönes Leben gelebt zu haben. Ich weiß, ich habe Glück. Deswegen dieses tiefe Gefühl der Dankbarkeit. Ich denke, etwas von meiner positiven Lebenseinstellung strahlt aus".

Haben Sie persönlich Angst vor dem Älterwerden?

„Natürlich gibt es Ängste vor dem Alter. Natürlich habe ich Angst, dass die Sinne schwinden, ich dement werde. Wenn ich hier durchs Haus gehe, sehe ich viele in meinem Alter, denen es nicht so gut geht. Aber ich denke nicht so weit in die Ferne. ‚Sorgt euch nicht um den morgigen Tag', rät die Bibel. Meine Ängste sind weniger geworden. Man lebt im Alter gelassener. Und ich persönlich weiß mich aufgehoben. Ich weiß, da ist jemand, der mir nicht mehr aufbürdet als ich tragen kann."

Das betreute Wohnen ist „Ihr" Ort in der letzten Lebensphase. Was macht ihr Zuhause hier aus?

„Die Wohnung gefällt uns. Das Haus ist mitten im Ort. Wir sind nicht abgeschieden auf der Grünen Wiese, sondern mitten im Leben. Es herrscht eine warmherzige, freundliche Atmosphäre. Und wenn es uns wirklich schlecht geht, ist immer jemand da, der hilft. Das gibt eine innere Ruhe".

Wenn ich Sie sehe, Frau Demmin, dann habe ich keine Angst, alt zu werden.

Irmgard Demmin im Gespräch mit Hr. Mäule am 15. Mai 2017

Antonie Kraut hat den Blick auf den „Schatz" gelenkt, den Senioren bereithalten. Alljährlich hat sie sich mit ehemaligen Leitungskräften und pensionierten Mitarbeitenden, dem sog. „Isny-Kreis" getroffen. Senioren – so wusste es Antonie Kraut - sind wichtige Botschafter der Heimstiftung und ihrer Unternehmenskultur.

Mitarbeitende haben sich im Laufe ihrer beruflichen Tätigkeit ein großes Maß an Wissen und Erfahrung angeeignet. Mit ihrer Pensionierung wird dieses Erfahrungswissen nur abgefragt, wenn es um ehrenamtliches Engagement und Engpässe in Einrichtungen geht. Dabei stünde ein sehr viel größeres Potenzial zur Verfügung, wenn man Pensionierte dafür gewinnen könnte, sich für ihre ganz persönliche Herzens-Angelegenheit zu engagieren.

So hat Anfang 2012 die Geschäftsführung den Auftrag gegeben, ein Konzept zu entwickeln, das nicht nur auf Kontaktpflege mit den Ruheständlern zielt, sondern auf deren Aktivierung. Weniger der Angebotscharakter sollte im Vordergrund stehen als vielmehr das Ermöglichen von Beteiligung und gemeinschaftlichem Engagement.

EHS-Senioren unterwegs. Fahrt auf der Panoramastrecke von Bad Cannstatt zum Fernsehturm am 04. Juli 2018

An vier Traditionsstandorten fanden Treffen der „EHS-Senioren" statt – so nennt sich der „Isny-Kreis" heute. Rund 200 Interessierte sind der Einladung gefolgt. 60-Jährige im Vorruhestand saßen neben über 80-Jährigen. Pflegehelferinnen nahmen ebenso teil wie ehemalige Führungskräfte.

Ziel der Treffen war es zu erfahren, was Ehemalige erwarten und wie sie bei der aktiven Gestaltung ihres Ruhestands unterstützt werden können. Gefragt wurde, ob sie Lebens- und Berufserfahrungen, ihre Zeit, ihren Ideenreichtum und ihre Innovationskraft in die Gestaltung gesellschaftlichen Lebens einbringen möchten. Die Treffen waren wie „Laboratorien" für eine neue Arbeit mit Ruheständlern. Ergebnis waren rund 1.000 bunte Antwortkarten. So bunt diese Karten, so verschieden waren die Ideen für das Leben im Ruhestand.

Gewünscht wurden kulturelle und informative Angebote. Dabei ging es weniger um ein vorgefertigtes Programm; vielmehr wollen sich die Senioren aktiv einbringen: Sie wollen „Möglichkeiten zur Mitgestaltung haben", „selbst das Kommando übernehmen" oder „Veranstaltungen in eigener Zuständigkeit und Verantwortung durchführen dürfen".

So organisieren die Senioren heute eigenständig und in regelmäßigen Abständen Bildungstage für Senioren mit relevanten Vorträgen rund um das Thema „Altern", die bei den ehemaligen Mitarbeitenden auf große Resonanz stoßen.

EHS-Senioren lassen sich zu Medienmentoren ausbilden und geben anschließend ihr Wissen - zu Smartphones, Tablets, Internet und Apps - im Rahmen von Gesprachsrunden bei Kaffee und Kuchen oder in Mediensprechstunden an andere Senioren weiter. Ziel hierbei ist, die Senioren in den allgegenwärtigen Digitalisierungsprozess einzubinden und für sie, vorbereitend, auch im hohen Alter ein hohes Maß an sozialer Teilhabe sicherzustellen. PC-Anfängern steht die Möglichkeit offen, einen kostenlosen Computerkurs zu besuchen. Ebenso wird eine eigene Vernetzungsplattform geschaffen, die den Austausch der EHS-Senioren untereinander ermöglicht und als Mitmachbörse oder Marktplatz sozialer Ideen dient.

Viele Befragte wünschten sich ausdrücklich den Austausch zwischen ehemaligen Mitarbeitenden und aktiv Beschäftigen, Angebote zur persönlichen Auseinandersetzung mit Lebensthemen, individuelle Beratung sowie Begleitung in schwierigen Situationen. Den Aufbau eines sozialen Netzwerks begrüßen viele. Verantwortliche in den Regionen halten Kontakt zu ehemaligen Kollegen, wer in Not ist erfährt Hilfe. Die Ruheständler erhalten die Publikationen der Heimstiftung, um mit dem ehemaligen Arbeitgeber verbunden zu bleiben.

An vielen Einrichtungs-Standorten treffen sich inzwischen regelmäßig Gruppen von ehemaligen Mitarbeitenden. Deren Arbeit wahrzunehmen, weitere Ehemaligen-Gruppen ins Leben zu rufen und hieraus ein trägerweites Netz zu spannen, stellt ein wichtiges Anliegen dar. Hierzu werden einmal im Jahr alle Ansprechpartner für die Ehemaligen-Gruppen zum Erfahrungsaustausch und zur Begegnung in wechselnde Regionen eingeladen.

Ebenso alljährlich findet die große Seniorentagung statt, zu der mehr als 1000 EHS-Seniorinnen und Senioren angeschrieben werden. Die Gäste erwarten ein Bericht der Geschäftsführung, vielfältige sonstige Vorträge, aber auch ausreichend Zeit zum persönlichen Austausch. Am Nachmittag bricht die gesamte Gruppe gewöhnlich gemeinsam auf, um ein attraktives Ausflugsprogramm, wie etwa die Fahrt auf der Panoramastrecke mit der Stuttgarter Oldtimer-Straßenbahn zum Fernsehturm, zu genießen.

Im Rahmen solcher Veranstaltungen wird immer wieder deutlich: Ehemalige haben die Situation des Übergangs erlebt und können mit zeitlichem Abstand bewerten, was den Eintritt in den Ruhestand erleichtert. Der Grundstein für einen erfolgreichen Übergang wird in der aktiven Phase gelegt.

Für all diejenigen, die im laufenden Jahr aus dem Berufsleben ausscheiden, hat sich in den vergangenen Jahren eine eigene Informationsveranstaltung etabliert. Die angehenden Ruheständler erhalten dort Informationen über gesetzliche Grundlagen zu den diversen Rentenarten und zum Renteneintritt, zur betrieblichen Altersversorgung sowie zu den unterschiedlichen Varianten der Arbeit neben der Rente. Darüber hinaus erhalten sie wertvolle Hinweise zu Möglichkeiten freiwilligen Engagements. Ein Bildungsvortrag zur bewussten Gestaltung des bevorstehenden Lebensabschnitts rundet die Veranstaltung jeweils ab. Des Weiteren findet sich im Portal ein eigener Standard zum Übergang in den Ruhestand in Form eines Merkblatts für Vorgesetzte.

Berufsausstieg und Ruhestand bieten die Chance für eine Neuorientierung. Viele Pensionäre möchten ihre gewonnene Zeit nicht auf dem Sofa verbringen, sondern andere Menschen kennen lernen und ihre Ideen und Impulse als Zu-Gabe in selbst gestaltete Initiativen einbringen.

Methoden und Inhalte haben sich gegenüber den Gründerjahren verändert. Das Ziel aber ist geblieben: über die Vernetzung von Ideen, Wissen und Kompetenzen, über die Entfaltung verschiedenster Talente und Begabungen das Leben in Gemeinden und Einrichtungen zu bereichern, zu stärken und Impulse für gesellschaftliche Entwicklungen zu setzen.

Bildungstage in der Evangelischen Tagungsstätte Wildbad-Rothenburg o.d.T. vom 16.–17. Mai 2018

Susanne Käfer, Diakonin im Spittler-Stift Schorndorf
im Gespräch mit Hr. Mäule am 02. Juni 2017

Bei all dem, was für das körperliche Wohl notwendig ist, darf die Seele nicht zu kurz kommen. Das war Antonie Kraut wichtig. Sorge tragen für das Seelische: wie ist es möglich, Frau Käfer, dass im Pflegeheim auch die Seele gepflegt wird?

„Neben einer guten Körperpflege ist die seelsorgliche Begleitung sowohl für Bewohnerinnen und Bewohner als auch für Angehörige und die Mitarbeitenden wichtig und kennzeichnend. Sie gehört zum Grundauftrag der Pflege und ist ein Markenzeichen für eine gute Einrichtung. Menschen, die ins Pflegeheim kommen, sollen spüren: Hier darf auch meine Seele daheim sein. Hier bin ich Mensch! Hier werde ich mit Leib und Seele wahrgenommen und angenommen."

Der Einzug ins Pflegeheim ist eine Zäsur. Wie kann es gelingen, dass auch die Seele ankommt, wenn der Koffer schon da ist?

„Eine große Herausforderung für alle Mitarbeitenden ist es, das Ankommen und Einleben einer neuen Bewohnerin, eines Bewohners zu begleiten. Das braucht Zeit, Verständnis und Einfühlungsvermögen. Der Verlust der vertrauten häuslichen Umgebung, das Zurücklassen von Dingen, Nachbarn und Lebensgewohnheiten stimmt oft traurig, mitunter verzweifelt. Nicht immer fiel die Entscheidung, in eine Einrichtung zu ziehen, aus freien Stücken: Körperliche Einschränkungen oder fehlende Betreuungsmöglichkeiten führten zu diesem Schritt. Gefühle der Abwehr oder Zustimmung begegnen den Mitarbeitenden vor allem am Beginn dieses neuen Lebensabschnitts, verbunden mit Ängsten: was kommt hier auf mich zu? ‚Ich will ganz brav sein‘, meinte just eine neue Bewohnerin."

„Seelenpflege" – allein das Wort weckt Sehnsucht und setzt Träume frei. Die Sehnsucht, dass es einen Ort gibt, an dem die Seele – ruhelos und verwundet nach dem Abschied von Vertrautem – allmählich ankommt.

„Seelenpflege bedeutet von Anfang an Beziehungsarbeit. Gutes Ankommen geschieht über freundliche Gesichter. Es geht um eine ‚Kultur des ‚Sich-umeinander Kümmerns‘, um das Hineinbegleiten in die neue Umgebung, Orientierung schenken, das Vertrautmachen mit Abläufen, Menschen und Angeboten, so dass sich der Mensch willkommen fühlt und irgendwann spüren darf: ‚Ich bin angekommen'."

Und der Alltag? Gibt es Beispiele für eine gute Alltagsgestaltung?

„Seelenpflege gestaltet sich im Alltag zum einen durch eine Gesprächsbereitschaft der Mitarbeitenden: Wen kann ich fragen, wenn ich Hilfe brauche oder Informationen? Wer ist zuständig? Finde ich jemanden, der zuhört? Zum anderen gestaltet sich die Seelenpflege durch eine Fülle an Angeboten und Beschäftigungsmöglichkeiten, durch Rituale und eine sinnvolle Alltagsstruktur: Feste Essenszeiten und Zeiten der Beschäftigung wie ‚schöne Stunde', bunter Nachmittag, Gymnastik, Gedächtnistraining. Auch spirituelle Angebote wie Gottesdienst, Abendausklang oder die Segensstunde tragen mit dazu bei, im Haus heimisch zu werden."

Menschen, die alt werden, sehen den Tod vor Augen. Kann die Seelenpflege auch beim Abschiednehmen vom Leben unterstützen?

„Seelenpflege ist Lebensbegleitung. Und Leben geschieht bis zuletzt. In der Phase des Sterbens, des endgültigen Abschiednehmens lassen wir den Menschen und seine Angehörigen nicht allein. Schon im Vorfeld sprechen wir darüber möglichst selbstverständlich im persönlichen Gespräch, aber auch in den Gruppen, wenn das Thema es zulässt: Dass das Leben begrenzt ist, dass wir in unseren letzten Tagen und Stunden möglichst schmerzfrei, aber auch geborgen und behütet bleiben wollen, dass bis zuletzt jemand sich uns zuwendet, für uns da ist und unsere Bedürfnisse achtet. Eine Aussegnung nach dem Tod ist für Angehörige und Mitarbeitende ein wohltuendes Geschehen, in dem die verwundete Seele behütet wird und Balsam spüren darf. Auch der jährlich im Haus stattfindende Gedenkgottesdienst ist Teil einer gelungenen Seelenpflege am Ende eines Lebens."

Und die Mitarbeitenden: Wie erleben sie Seelenpflege? Kann Seelenpflege eine Bedeutung für ihren beruflichen Alltag haben?

„Grundsätzlich gilt der Ansatz: Nur wer gut für sich selber sorgt, kann auch gut für andere Sorge tragen. Das Pflegen der eigenen Seele ist Aufgabe aller Mitarbeitenden:
Was tut mir gut? Was brauche ich, damit ich meinen beruflichen Alltag trotz manchmal schwieriger Rahmenbedingungen mit Freude leben kann? Was schenkt mir Energie, was raubt mir Kraft? Eine gute Organisation der Pflege und Einrichtung insgesamt erleichtern den Arbeitsalltag sehr. Überdies sorgen Feste, Ausflüge und die eigene Gesundheit stärkende Angebote für ein gutes, wertschätzendes Betriebsklima. Im beruflichen Alltag stärkt vor allem ein gutes Team. Pflegealltag geschieht im Team. Das gegenseitige Verständnis, der Austausch über schwierige Situationen und gegebenenfalls Unterstützung, aber auch das Sprechen über zufriedenstellende Erlebnisse stärken die Teamgemeinschaft. Auch der Humor trägt wesentlich zu einer entspannten Arbeitshaltung bei. Miteinander Lachen und Weinen schenken Energie und richten den Blick immer wieder neu aus auf das Wesentliche: Füreinander da sein, Mensch sein und bleiben - als Mitarbeitende und im Alter als Bewohnerin und Bewohner."

unabhängig - klar - unmittelbar - nah - unkompliziert - kreativ - diszipliniert
schnell - selbstbestimmt - stark - zielstrebig - präzise - einige Schritte voraus
umsichtig - konsequent - bedacht - klug - überzeugend - verlässlich - Vorbild
Jahrhundertfrau - mutig - offen - aufrüttelnd - ganz einfach - nicht ganz leicht
mahnend - bürgernah - bodenständig - authentisch - toll - typisch
wunderbar schwäbisch

„Leben heißt, nicht warten bis der Sturm vorüberzieht, sondern lernen, im Regen zu tanzen"

13 Fragen an Elke Eckardt
Prokuristin im Geschäftsbereich Organisation und Prozesse

1. Was war Ihr Traumberuf als Kind?
Ärztin in einem Lepra-Krankenhaus in Indien.

2. Was haben Sie in der Schule für das Leben gelernt?
Die Bedeutung von Freundschaft und engem Zusammenhalt in kritischen Situationen, so z. B. nach dem gemeinsamen Verbrennen des Klassenbuchs, das zu viele kritische Einträge enthielt.

3. Welche Ausbildung würden Sie nachholen, wenn Sie könnten?
Ein Psychologiestudium.

4. Ihr erstes Bewerbungsgespräch: Woran erinnern Sie sich noch?
Als Studentin habe ich als Nachtwache in einem Pflegeheim gearbeitet. Das Bewerbungsgespräch dauerte 3 Minuten. Die Chemie stimmte sofort auf beiden Seiten. Heute noch sind für mich die ersten Minuten in einem Bewerbungsgespräch die wichtigsten.

5. Welches sind die drei wichtigsten Gründe für Erfolg im Leben?
Die Verwirklichung von persönlichen, aber auch gemeinsamen Zielen und Träumen, denn daraus erwächst die größte Motivation.

6. Darf eine Chefin Schwächen zeigen?
Ja, selbstverständlich, denn nur dann wird sie authentisch sein, und nur dann haben auch Mitarbeiter keine Scheu, zu ihren Fehlern und Schwächen zu stehen.

7. Was spornt Sie an?
Positive Veränderungen für Mitarbeiter und Bewohner aktiv gestalten und nicht von außen, z. B. durch den Gesetzgeber, zu Veränderungen gezwungen zu werden.

8. Sind Frauenquoten notwendig?
Nein. Eine Quote allein schafft keine Rahmenbedingungen, die es Frauen ermöglichen, trotz familiärer Verpflichtungen Verantwortung in größerem Umfang zu tragen.

9. Wer ist für Sie ein persönliches Vorbild?
Frau R., eine Bewohnerin in einem israelischen Pflegeheim, hat vor 30 Jahren mir als deutsche Pflegekraft ihre Freundschaft angeboten, trotz schwerstem Leid, das sie im KZ Auschwitz durch Deutsche erfahren hat.

10. Wann bereitet Ihnen Ihre Berufstätigkeit Bauchschmerzen?
Entscheidungen treffen zu müssen, die für das Unternehmen richtig sind, für einzelne Personen aber schwerwiegende Konsequenzen haben.

11. Wie stellen Sie Ihre persönliche Work-Life-Balance sicher?
Am Wochenende und im Urlaub Zeit mit mir selbst, mit meiner Familie und mit Freunden verbringen und mindestens einmal im Monat in ein Konzert gehen.

12. Welchen Traum möchten Sie sich unbedingt noch erfüllen?
Masterabschluss meines fast abgeschlossenen Judaistik-Studiums.

Elke Eckardt, Prokuristin im Geschäftsbereich Organisation & Prozesse

13. Wie lautet eine Ihrer Lebensweisheiten?
Leben heißt, nicht warten bis der Sturm vorüberzieht, sondern lernen, im Regen zu tanzen.

„Tue das, was Du tust, mit ungeteilter Aufmerksamkeit"

13 Fragen an Renate Esslinger-Willer
Referatsleiterin Qualitätsmanagement

1. Was war Ihr Traumberuf als Kind?
Lehrerin oder Geschäftsfrau.

2. Was haben Sie in der Schule für das Leben gelernt?
Es kommt auf die Lehrerinnen und Lehrer an. Lernen ist ein Akt der Co-Produktion.

3. Welche Ausbildung würden Sie nachholen, wenn Sie könnten?
Ein Psychologiestudium oder eine Ausbildung zur Sennerin.

4. Ihr erstes Bewerbungsgespräch: Woran erinnern Sie sich noch?
Das Heimleiterehepaar hat das Gespräch geführt und meine Qualifikation als Diakonin sehr geschätzt.

5. Welches sind die drei wichtigsten Gründe für Erfolg im Leben?
„Gelingendes Leben" ist mir lieber: Achtsam und beweglich sein, kooperieren, loslassen können.

6. Darf eine Chefin Schwächen zeigen?
Ja, als Vorbild für eine Kultur der Ehrlichkeit und um als Mensch sichtbar zu werden.

7. Was spornt Sie an?
Herausfordernde Aufgaben, bei denen die „Anschlussfähigkeit" an meine Interessen und Fähigkeiten gegeben ist.

8. Sind Frauenquoten notwendig?
Wichtiger sind entsprechende Rahmenbedingungen.

9. Wer ist für Sie ein persönliches Vorbild?
Jeder Mensch hat Licht- und Schattenseiten. Simone Weil war eine tolle Frau.

10. Wann bereitet Ihnen Ihre Berufstätigkeit Bauchschmerzen?
Wenn die Fülle und Komplexität der Themen sich auf die Qualität der Bearbeitung auswirkt.

11. Wie stellen Sie Ihre persönliche Work-Life-Balance sicher?
Meine Arbeit ist glücklicherweise auch Leben. Die tägliche Ausrichtung an einem guten Gedanken.

12. Welchen Traum möchten Sie sich unbedingt noch erfüllen?
Eine längere Zeit „ohne Plan" zu leben und erleben, was sich dann für mich zeigt.

13. Wie lautet eine Ihrer Lebensweisheiten?
Tue das, was Du tust, mit ungeteilter Aufmerksamkeit.

Renate Esslinger-Willer,
Referatsleiterin Qualitätsmanagement

„Keine Panik. Es gibt immer eine Lösung, man muss sie nur gut suchen"

13 Fragen an Cosmina Halmageanu
Hausdirektorin im Haus am Maienplatz, Böblingen

1. Was war Ihr Traumberuf als Kind?
Ich wollte immer Ärztin werden.

2. Was haben Sie in der Schule für das Leben gelernt?
Wie ich den effektiven und passenden Weg zum Ziel finde. Jede Information bringt mich weiter.

3. Welche Ausbildung würden Sie nachholen, wenn Sie könnten?
Keine. Gesundheits- und Krankenpflegerin ist mein Weg.

4. Ihr erstes Bewerbungsgespräch: Woran erinnern Sie sich noch?
Es war im Krankenhaus in Rumänien auf der Gynäkologie – Abteilung. Ich war zunächst nicht erwünscht, hatte eine sehr schwere Zeit. Zum Schluss wollte mich die Vorgesetzte nicht mehr gehen lassen.

5. Welches sind die drei wichtigsten Gründe für Erfolg im Leben?
Eine stabile und verständnisvolle Familie, Vertrauen in Gott und in eigene Fähigkeiten, körperliche, seelische und geistige Gesundheit.

6. Darf eine Chefin Schwächen zeigen?
Selbstverständlich, eine Chefin ist immer noch ein Mensch. Nur wenn ich offen über meine Schwächen spreche, bin ich authentisch. Je bewusster ich mit meiner Schwäche umgehe, umso besser kann ich sie ausgleichen.

7. Was spornt Sie an?
Freude an meiner Arbeit. Ich sehe einen Sinn in meinem Tun. Außerdem ich bin sehr gerne bei den Menschen. Von jedem Menschen kann ich etwas lernen.

8. Sind Frauenquoten notwendig?
Nein. Die Gesellschaft soll ein besseres Verständnis für die Rolle der Frauen entwickeln.

9. Wer ist für Sie ein persönliches Vorbild?
Angela Merkel mit ihrer Diplomatie und Beherrschung, Anthony Hopkins, der Schauspieler, mit seiner Weisheit und Gelassenheit, Mark Zuckerberg, Gründer von Facebook mit seinem Mut und seinem Ehrgeiz etwas Neues zu entwickeln, Albert Einstein mit seiner Intelligenz und seinem Humor.

10. Wann bereitet Ihnen Ihre Berufstätigkeit Bauchschmerzen?
Wenn das Gleichgewicht zwischen Familie, Beruf und Gesundheit außer Kontrolle gerät.

11. Wie stellen Sie Ihre persönliche Work-Life-Balance sicher?
Ganz einfach, pragmatisch: Ich trenne komplett die Arbeit vom Privatleben.

12. Welchen Traum möchten Sie sich unbedingt noch erfüllen?
Besondere Träume habe ich nicht. Ich versuche, meine Träume zu leben.

Cosmina Halmageanu, Hausdirektorin im Haus am Maienplatz, Böblingen

13. Wie lautet eine Ihrer Lebensweisheiten?
Keine Panik, es gibt immer eine Lösung, man muss sie nur gut suchen.

„Die allermutigste Handlung ist immer noch, selbst zu denken. Laut"

13 Fragen an Anke Kienle, Referatsleiterin Personalgewinnung

Anke Kienle,
Referatsleiterin Personalgewinnung

1. Was war Ihr Traumberuf als Kind?
Ich hatte früher eine romantisch-naive Vorstellung, dass der Beruf der Floristin der Erfüllteste sei - Blühendes in ein schönes Zusammenwirken bringen.

2. Was haben Sie in der Schule für das Leben gelernt?
Ausreichend lang still sitzen.

3. Welche Ausbildung würden Sie nachholen, wenn Sie könnten?
Die Ausbildung zur Konditorin, um die Chance zu haben, irgendwann mein eigenes Café zu eröffnen.

4. Ihr erstes Bewerbungsgespräch: Woran erinnern Sie sich noch?
Dass die Tochter des Geschäftsführers mich beim Ausgang verabschiedete, als hätte ich mich für einen wichtigen Job beworben und nicht „nur" für eine Aushilfstätigkeit im Personalbereich als Schülerin während meiner Gymnasialzeit.

5. Welches sind die drei wichtigsten Gründe für Erfolg im Leben?
Zutrauen, Freude am Tun, Durchhaltevermögen.

6. Darf eine Chefin Schwächen zeigen?
Wenn Sie nahbar sein will - dann ja! Wenn sie sie nicht zeigt, wie sollen sich dann die Mitarbeiter trauen?

7. Was spornt Sie an?
Neues zu entdecken und mit ein wenig „Raus aus dem Gewohnten" Dinge voranbringen.

8. Sind Frauenquoten notwendig?
Weniger das Geschlecht als vielmehr der Antrieb und die Fähigkeiten einer Person sind für einen Job relevant.

9. Wer ist für Sie ein persönliches Vorbild?
Grundsätzlich Menschen, die zu ihrem Wort stehen, und das mit Leidenschaft und Biss.

10. Wann bereitet Ihnen Ihre Berufstätigkeit Bauchschmerzen?
Wenn Dinge zu lange still stehen.

11. Wie stellen Sie Ihre persönliche Work-Life-Balance sicher?
Indem ich ein kritisches Korrektiv im Familienkreis habe, das mir klar ins Gesicht sagt, wenn ich im Beruflichen über die Strenge schlage.

12. Welchen Traum möchten Sie sich unbedingt noch erfüllen?
Mit meiner jungen Familie eine längere Auszeit nehmen und mit Rucksack oder Wohnmobil die nahe und weite Welt erkunden.

13. Wie lautet eine Ihrer Lebensweisheiten?
Die allermutigste Handlung ist immer noch, selbst zu denken. Laut. Nach Coco Chanel.

Karin Stiebler,
Regionaldirektorin Rems / Neckar / Alb

„Ruhe bewahren, wenn es drauf ankommt"

13 Fragen an Karin Stiebler
Regionaldirektorin Rems / Neckar / Alb

1. Was war Ihr Traumberuf als Kind?
Lehrerin.

2. Was haben Sie in der Schule für das Leben gelernt?
Das Wesentliche vom Unwesentlichen zu unterscheiden.

3. Welche Ausbildung würden Sie nachholen, wenn Sie könnten?
Betriebs- und Volkswirtschaft studieren.

4. Ihr erstes Bewerbungsgespräch: Woran erinnern Sie sich noch?
Ich war aufgeregt mit 17 Jahren, da mit der Ausbildung auch der Auszug von Zuhause anstand.

5. Welches sind die drei wichtigsten Gründe für Erfolg im Leben?
Selbstbewusstsein, authentisches Verhalten gepaart mit Zielstrebigkeit und Konsequenz.

6. Darf eine Chefin Schwächen zeigen?
Ja, denn auch Schwäche gehört zur täglichen Arbeit dazu und unterstreicht die Authentizität meiner Arbeit.

7. Was spornt Sie an?
Ich finde es toll, wenn ich nach Jahren in eine Einrichtung von der EHS komme und die Mitarbeiter sagen: „Mensch, Frau Stiebler was hatten wir für eine super Zeit". Genauso wichtig sind für mich die Menschen, die bei uns wohnen und mir sagen, dass wir hier eine gute Arbeit für sie erledigen und sich freuen, dass das Heim eine gute Heimat für sie geworden ist.

8. Sind Frauenquoten notwendig?
Nein.

9. Wer ist für Sie ein persönliches Vorbild?
Mein Vater, denn von ihm habe ich gelernt, dass man aus seiner Situation immer das Beste machen kann; sein positives Denken mit Blick nach vorne; und sein Glaube an Gott.

10. Wann bereitet Ihnen Ihre Berufstätigkeit Bauchschmerzen?
Wenn etwas von mir erwartet wird, das nicht unbedingt meine persönliche Überzeugung ist.

11. Wie stellen Sie Ihre persönliche Work-Life-Balance sicher?
Ich habe einen liebenswerten Mann, mit dem ich gern auf Reisen gehe. Ich versuche mich mit Freunden und der Familie zu treffen, wann immer es möglich ist.

12. Welchen Traum möchten Sie sich unbedingt noch erfüllen?
Noch einmal mit genügend Zeit unbeschwert durch Australien zu reisen.

13. Wie lautet eine Ihrer Lebensweisheiten?
Ruhe bewahren, wenn es drauf ankommt.

8. Ganzen Einsatz leisten

Handlungsgrundsatz für Januar

In jedem Monat steht in der Heimstiftung ein Handlungsgrundsatz im Vordergrund. In den regelmäßigen Teambesprechungen werden die Sätze im Blick auf unmittelbare Umsetzung im Arbeitsalltag diskutiert.

Wir haben Pflegekräfte befragt, was der Handlungsgrundsatz für den Januar für sie persönlich, für ihren Umgang mit Kolleginnen und Kollegen, mit den ihnen anvertrauten Menschen bedeutet.

Handlungsgrundsatz für Januar
Ganzen Einsatz für die von uns betreuten Menschen leisten.

Wir wollen, dass sich unsere Kunden von uns gut betreut fühlen.
Wir nehmen ihre Wünsche ernst und bieten ihnen kompetente
Hilfestellung mit persönlicher Zuwendung.

Gefragt: Handlungsgrundsatz konkret

Gesucht: Sätze, die mit „Wir..." beginnen

Gesucht waren Sätze, die allesamt mit „Wir..." beginnen. Entstanden ist ein großes „Vorratsglas" an Empfehlungen: die anregen und ermuntern, stärken und aufbauen. Eine köstliche Mischung aus belebenden Impulsen, nährenden Gedanken, bekömmlichen und sehr praktischen Regeln. Ein Proviant für den Einrichtungsalltag, garantiert ohne Verfallsdatum.

Handlungsgrundsatz konkret

- Wir klopfen an und warten auf Einlass.
- Wir lassen den Bewohnern unseren Respekt und unsere Wertschätzung spüren.
- Wir nehmen niemandem Aufgaben und Tätigkeiten ab, wenn es nicht notwendig ist.
- Wir interessieren uns für die Lebensgeschichten und Schicksale der Kunden.
- Wir scherzen nicht über Eigenarten von Bewohnern - so ungewohnt sie auch sein mögen.
- Wir werben um Toleranz für menschliche Besonderheiten.
- Wir behandeln alle gleichwertig und ziehen niemanden vor.
- Wir setzen uns mit den Betroffenen zusammen und bedenken, besprechen und entscheiden unser Tun möglichst gemeinsam.
- Wir bevormunden niemanden.
- Wir nehmen uns Zeit und hören aktiv zu.

- Wir erklären ruhig, geduldig und einfühlsam.
- Wir reden so allgemeinverständlich wie möglich und vermeiden (zu viele) Fachbegriffe.
- Wir beziehen alle ein, die betroffen sind.
- Wir begegnen keinem Fall, sondern einem Menschen.
- Auch bei Zeitmangel und Belastung suchen wir den Blickkontakt, die Nähe und die persönliche Ansprache.
- Wir erspüren und erfragen den Wunsch nach seelsorglicher Begleitung.
- Bedrängende oder wiederkehrende ethische Konflikte klären wir in ethischen Fallbesprechungen.
- Wir sind offen für ehrenamtlich Engagierte, die unsere Möglichkeit der Zuwendung ergänzen.
- Wir pflegen Geräte, Kleidung und Räume, damit eine einladende Ordnung entsteht.

9. Für andere ein Segen sein

Eine gute Idee, nicht nur reden, sondern handeln. So haben viele soziale Initiativen angefangen, sogar die Evangelische Heimstiftung selbst. Wer handelt, gibt der Solidarität ein Gesicht.
Nachmachen ist erlaubt.

Für andere ein Segen sein: für den kranken Nachbarn den Einkauf übernehmen, einen alten Menschen beim Spazierengehen begleiten, einer Bewohnerin vorlesen.

Selbst scheinbare Kleinigkeiten wie Mitdenken, Hinschauen und Anteilnehmen erleichtern den Alltag spürbar und bereiten darüber hinaus Freude.

Unser Herrgott hat niemandem alle Gaben und keinem keine mitgegeben.
Wir müssen sie entdecken – bei uns wie bei anderen.
Unglaublich, wie viel die kleinste Geste bewirken kann. Und zwar nicht nur für den anderen, sondern vor allem für sich selbst.

Sie alle engagieren sich – und alle sind sehr gut gelaunt. Gutes tun tut gut.
Und: Engagement macht glücklich. Ob in Albershausen, Fichtenau, Neuenstadt, Rosenfeld, Satteldorf oder Vaihingen.

Ilona Riedmüller,
Vaihingen/Enz
„Jede Woche mit dem Kiosk-
wagen Spaß bringen. Sehen
wie gerne die Bewohner
selbständig einkaufen. Das
ist immer wieder ein
tolles Gefühl".

Ella Baumann,
Fichtenau
„Mein Ehrenamt (Gymnastik
und Andacht) ist mir sehr wichtig.
Die Menschen freuen sich, wenn
ich komme. Ich kann ihnen mit
meiner Arbeit Freude und
Wohlbefinden geben".

Gertraud Hirsch,
Neuenstadt
„Musik
ist der beste ,Kleber'.
Die Brücke zwischen
Jung und Alt".

Erna Schwarz,
Vaihingen/Enz
„Seit 50 Jahren bin ich
ehrenamtlich engagiert.
Es ist mir ein Herzensbedürfnis,
mit den Bewohnern im
Demenzbereich
Lieder zu singen".

Siegfried Winkel-
mann, Vaihingen/Enz
„Ich habe auf der A 1 (Demenzbereich) gearbeitet und bin nun
im Ruhestand dort weiter tätig.
Die Verkündigung des Wortes
Gottes liegt mir
am Herzen".

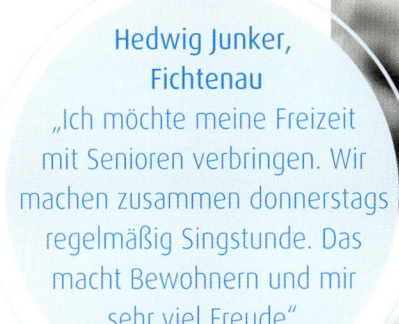

Hedwig Junker,
Fichtenau
„Ich möchte meine Freizeit
mit Senioren verbringen. Wir
machen zusammen donnerstags
regelmäßig Singstunde. Das
macht Bewohnern und mir
sehr viel Freude".

Irmgard Kuß,
Fichtenau

„Ich habe mir zur Aufgabe
gemacht, schwerstkranke und
sterbende Menschen zu
begleiten. Bis zum Ende für
sie da zu sein. So wie sie
es sich wünschen".

Margrit Schwenk,
Rosenfeld

„Am Mittwochnachmittag bringe
ich meine Zither mit ins Pflegewohn-
haus. Ich übe fleißig und kann so die
alten Lieder, die die Bewohner so gerne
singen, begleiten. Eine liebenswerte,
demenzerkrankte Bewohnerin kam
nach dem Spielen auf mich zu und
sagte: ‚Das ist so ein schönes Musikle'".

Monika Kauderer,
Albershausen
„In jedem Alter wird gerne
gespielt. Immer wieder finden
sich Bewohner, die mitspielen
und Freude daran haben.
Diese Freude fällt an mich
selbst zurück".

Nicole Benkendorf,
Rosenfeld
„Mit Egli-Figuren (ca.30cm hohe
bewegliche Erzählfiguren) erzählen wir
den Bewohnern biblische Geschichten.
So von Maria mit Josef und Christi
Geburt. Die Heimbewohner fassen die
stabilen Figuren gerne an und
erleben so sehr bewusst die
Weihnachtsgeschichte".

Roland Kuß,
Fichtenau
„Ich schenke meine freie Zeit
den Bewohnern. Jeden
Donnerstag ist Singstunde. Das
macht den Senioren und auch
mir immer wieder sehr
viel Freude".

Ursula Dengler,
Satteldorf
„Ich bin seit 11 ½ Jahren im
Alexandrinenstift tätig. Wir
machen Gymnastik mit den
Bewohnern, bewegen Arme und
Beine. Bewohner freuen sich,
wenn sie mich sehen. Es
kommt auch sehr viel
Dankbarkeit rüber".

Ingrid Breßmer,
Albershausen
„Ich spiele auch privat sehr
gerne und möchte beim Spiele-
nachmittag den Bewohnern
etwas Freude bereiten. Es
macht mir sehr
viel Spaß".

10. Helfen, wo geholfen werden muss

„Helfen, wo geholfen werden muss" – dieser Schlüsselsatz führt geradewegs zu Antonie Kraut. Es ist ein Satz, den Mitarbeitende und Zeitzeugen unmittelbar mit ihr verbinden. Mutig sein, hinsehen, sich einmischen, für Hilfebedürftige eintreten – das kennzeichnet Antonie Kraut.

„Helfen, wo geholfen werden muss" – wir Heutige hören diesen Satz eher kritisch. Wir assoziieren „Helfen müssen", denken an das „Helfersyndrom". Steckt hinter dem Wunsch, anderen zu helfen, eine Form des Paternalismus und damit versteckte Machtausübung?

Eine Kultur des Helfens tut not. Der Eindruck täuscht, wir lebten in einer egoistischen Gesellschaft. Soziales Engagement ist nicht „out", es hat nur seine Form geändert. Und die Frage ist: gelingt es, diesen Wandel der Kultur des Helfens mitzuvollziehen und so zum Helfen zu motivieren, dass es für Heutige attraktiv, verständlich und nachvollziehbar ist?

„Helfen, wo geholfen werden muss" war für Antonie Kraut so selbstverständlich, dass es keiner eigenen Begründung bedurfte. Das Doppelgebot der Liebe („Du sollst Gott lieben und deinen Nächsten wie dich selbst", Mk. 12,29-31) war für sie ein Grundimpuls christlichen Helfens. Als juristische Geschäftsleiterin des Landesverbands der Inneren Mission gab sie sich mit einem Handeln als Erbarmen nicht zufrieden. Erbarmen ist für sie kein unpolitisches Mitleid. Erbarmen drängt auf Recht und Gerechtigkeit. Fremdes Leid zu sehen und öffentlich zur Sprache zu bringen, gehört für sie zusammen.

Und: Helfen macht Sinn. Es ist die Erfahrung geglückter Lebensgestaltung, mit der Antonie Kraut Menschen motiviert hat, einen sozialen Beruf zu ergreifen. 50 Jahre lang war sie selbst ehrenamtlich und unentgeltlich in der Heimstiftung als Vorsitzende und Ehrenvorsitzende engagiert. Nicht aus reinem Erbarmen, einem „Sozialtick" oder um endlich einmal gebraucht zu werden, sondern um im eigenen Leben Sinn zu erfahren.

Wer in essentiellen Lebenssituationen als Mensch gefordert ist und besteht, erfährt Sinn. Wer erlebt, dass er einen Menschen annehmen und wertschätzen kann, der ganz anders ist, lernt mehr über sich. Soziales Engagement kann nicht nur dem Gegenüber helfen, sondern auch einem selbst, nämlich bei der Identitätsfindung und Sinnsuche. Das gilt es zu erleben. Dafür gilt es Freiräume in der sozialen Arbeit zu ermöglichen. Darin liegt der Schlüssel, Helfen plausibel und attraktiv zu machen und Menschen zum Engagement zu motivieren. Helfen macht Sinn.

Mutig sein, hinsehen, sich einmischen, für Hilfebedürftige eintreten – das ist Antonie Kraut.

Nicht zuschauen, sondern etwas tun

Antonie Kraut war eine Pragmatikerin mit Visionen. Sie hat das Risiko nicht gescheut, hat nicht zugeschaut, sondern etwas getan. Wer von ihr lernen möchte, entdeckt Aspekte, die zu einem modernen Hilfeverständnis gehören:

1. den Sozialraum analysieren und den Menschen nahe sein
2. Impulse der biblischen Botschaft vergegenwärtigen und daraus Handlungsoptionen entwickeln
3. Selbsthilfe und bürgerschaftliches Engagement unterstützen
4. einen Schulterschluss herbeiführen mit Partnern, die ebenfalls aktiv sind – gemeinsam sind wir stark
5. politische Lobbyarbeit betreiben für Menschenwürde, Solidarität, Gerechtigkeit und Nachhaltigkeit
6. Gremien und Verantwortliche aus Kirchengemeinde, Kommune und Verband einbinden
7. konsensorientiert und gleichzeitig konfliktbereit gegen eine weitere Spaltung der Gesellschaft wirken
8. die aus der Gesellschaft Ausgegrenzten integrieren und gegen weitere Ausgrenzungen präventiv vorgehen
9. Armut im Alter vermeiden
10. nicht zuschauen, sondern etwas tun. Es braucht Menschen, die bereit sind, den ersten Schritt zu setzen.

Ralf-R. Kirchhof

„Ihr Wort hatte Gewicht"

Als ich 1990 meine Tätigkeit für die Evangelische Heimstiftung aufnahm, war Frau Dr. Kraut Ehrenvorsitzende des Vereins Evangelische Heimstiftung e. V. Als solche nahm sie an den Mitgliederversammlungen und Vorstandssitzungen teil.

Zu diesem Zeitpunkt ging es nicht mehr um die Not der Nachkriegszeit. Vielleicht war das der Grund dafür, dass sie gelassen mit schwierigen Fragestellungen umgehen konnte. Aber auch zu dieser Zeit war ihr die Qualität der Arbeit jederzeit wichtig.

Bis ins hohe Alter war ihr Interesse an der Evangelischen Heimstiftung und ihren Aktivitäten ungebrochen. Aus Erzählungen weiß ich, dass sie sich in ihrer Arbeit auch um kleine Details gekümmert hat.

Ich habe sie als Juristin durch und durch erlebt – immer sachlich. Die damalige Vereinssatzung mit gerade mal 10 Paragraphen stammte aus ihrer Feder. Sie hat gehalten bis zur Umwandlung des Vereins in eine GmbH.

Ich erinnere mich an eine eher zurückhaltende Frau, die leise gesprochen hat – immer freundlich, aber auch immer klar und deutlich. Der moderne Begriff „elder stateswoman" erscheint mir passend. Ihr Wort hatte Gewicht – auch wenn sie als Ehrenvorsitzende keine Entscheidungen mehr zu treffen hatte.

An Mitarbeiter hat sie wie selbstverständlich hohe Anforderungen gestellt. In Bezug auf ihre eigene Person war sie bescheiden. Ihre Leistung und ihr Können hat sie nicht betont. Sie hat ihre Pflichten mit Engagement erfüllt.

In der Erinnerung wird mir deutlich, dass sie über Glaubensfragen nicht gesprochen hat – jedenfalls habe ich solche Äußerungen nicht erlebt. In allen ihren Äußerungen jedoch war deutlich, wo ihre Orientierung ist und welche Werte sie umsetzen wollte.

Geschäftsführer Ralf-R. Kirchhof

Wenn ich mich frage, was sie uns mitgibt, dann kann ich aus dem Erlebten sagen: Pflichterfüllung für die Menschen, die unsere Hilfe benötigen; die selbstverständliche Gewissheit unserer christlichen Werte und unseres Glaubens; keine Betonung der eigenen Bedeutung.

Im Juli 2018
Ralf-R. Kirchhof

11. Gemeinsam das Gute genießen

„Essen und Trinken hält Leib und Seele zusammen". Dieses Sprichwort hat besonders in Pflegeeinrichtungen Bedeutung. Mahlzeiten sind Gesprächsstoff Nummer eins. Liebe geht durch den Magen. Deshalb sind hier vor allem Kreativität und Engagement der Köche gefragt. Daniela Hofmann vom Paul-Collmer-Heim in Stuttgart hat eine Zusatzausbildung als „Heimköchin" absolviert. Sie hat als erste Frau den begehrten Award für ihr Praxisprojekt „Sonderkost für Bewohner mit Schluckbeschwerden" erhalten.

Heimköchin Daniela Hofmann
serviert Bewohnerin Irma Menger

Frau Hofmann, was war Ihr Lieblingsgericht als Kind?
Reisauflauf mit Kirschkompott

... und was ging gar nicht?
Spinat

Was essen Sie heute selbst am liebsten?
Spaghetti Bolognese mit Reibekäse und Salat

Zählen Sie Kalorien?
nie

Fasten Sie manchmal?
hin und wieder

Welche drei Lebensmittel haben Sie immer im Kühlschrank?
Joghurt, Käse, Eier

Welche Utensilien sind in Ihrer eigenen Küche unverzichtbar?
gute Messer, Spätzlepresse, Herd, Spülmaschine

Was würde Sie auf die Palme bringen, wenn Sie im Heim leben würden?
die Aussage, „Es geht nicht!", ohne vorher darüber nachgedacht zu haben, ob es nicht doch geht

Wie lautet Ihre Essensphilosophie im Blick auf die Bewohner?
unser Essen ist altersgerecht, hat eine gute Qualität, es ist gesund und ausgewogen

Worauf legen Sie besonders Wert?
Geschmack, appetitlich, abwechslungsreich

Das etwas andere Essen: was sind kulinarische Höhepunkte im Heimalltag?
es kann das erste Stück Erdbeerkuchen sein, die Martinsgans oder das festliche Weihnachtsessen. (Es gibt viele kleine Höhepunkte.)

Wie häufig stehen Sie in der Einrichtung selbst am Herd?
immer wenn ich im Haus bin

Was brauchen Sie, um sich im Heimalltag wohlzufühlen?
einen geregelten Ablauf, gute Atmosphäre im Miteinander mit unseren Kunden und Kollegen.

Weihnachtsfeier im Karl-Wacker-Heim in Stuttgart Botnang. „O Tannenbaum" und „O du fröhliche". Ob mit Klavier oder Zither. Gesungen werden Evergreens und Ohrwürmer, rauf und runter, bunt durcheinander. „Stille Nacht" ebenso innig wie „Leise rieselt der Schnee" und „Alle Jahre wieder". Oft muss ich den Liedtext von den Lippen der alten Damen und Herren ablesen. Sie kennen ihn meist besser als ich.

Gemeinsames Singen vereint. Und: Singen kennt kein Alter. Das habe ich erlebt beim Singen von Kindern mit Demenzkranken. Aus einem zusammengewürfelten „Haufen" entstand eine begeisterte Gemeinschaft. Die Kinder standen auf, klatschten und sangen im Stehen. Sie spürten, dass es sich freier atmen lässt, ja dass der ganze Körper vom Schwung des Liedes ergriffen wird. Durch Singen wuchs etwas zusammen, das am Ende mehr war als die Summe der Einzelpersonen.

Je länger wir beisammen waren, desto mehr Lieder fielen den alten Menschen ein. Lieder ihrer Kindheit wie „Auf der schwäb'sche Eisebahne" und „Bunt sind schon die Wälder". Und Lieder ihrer Jugend wie „Wenn alle Brünnlein fließen" und „Nun ade, du mein lieb Heimatland". Es wurde immer lebendiger und lebhafter.

Erstaunlich, welch Erinnerungen die Lieder bei den Bewohnern wach werden ließen.

Lieder sind auch Ausdruck des Glaubens. Sie trösten und ermutigen, helfen uns, Freud wie Leid auszudrücken. Sie können auf wunderbare Weise lebenswichtige Beziehungen wieder herstellen, die zerstört und zerschlagen, verloren und vergessen schienen. Beziehungen von Menschen untereinander und die Beziehung zu Gott.

Manche bettlägerige Bewohner kenne ich, die nicht wissen wie es weitergeht. Und am Schlimmsten sind die Nächte für die, die nicht schlafen können. Da kommen sie manchmal angeflogen: Lieder, Liedverse und Liedfetzen – Lebensmelodien, an denen man sich festhalten kann. Uralt Gelerntes, lange Verschüttetes.

„Weil ich Jesu Schäflein bin" oder „O Haupt voll Blut und Wunden - Erscheine mir zum Schilde, zum Trost in meinem Tod". Lieder als Nacht-Herbergen für die Wegwunden. Das Lied, das die Mutter jeden Abend am Bett sang. Lieder, die Eltern – durch die dunkle Nacht – mit auf den Weg gaben. Lieder, die gebraucht werden wie ein Geländer zum Festhalten. Lieder, die fehlen, wenn sie nicht gesungen werden. Ohne ihre Klänge stimmt etwas nicht.

Ein solcher „Wegbegleiter" ist das Lieblingslied von Antonie Kraut: „Befiehl du deine Wege". Unter allen Liedern im Gesangbuch ist es so etwas wie ein zeitloses „Best of" aller Kirchenlieder. Es ist ein Lied, das tröstet und hält. Ein Lied, das von Gott singt. Er, der die ganze Schöpfung in der Hand hält, der wird – so weiß Paul Gerhardt – kein Menschenleben aus dem Auge verlieren.

„Auf böse und traurige Gedanken gehört ein gutes, fröhliches Lied und freundliche Gespräche", sagt Martin Luther. Ein Lied kann uns also Mut machen, Kraft geben, stärken. Wenn wir nicht mehr weiter wissen, traurig sind oder auch vor Freude platzen.

Singen tut gut. Das merke ich in allen Situationen, in denen mir die Worte fehlen. Das wird auch dann sein, wenn die eigenen Worte ins Vergessen versinken. Das tröstet mich schon jetzt.

Weihnachtsfeier im Karl-Wacker-Heim

Die Evangelische Heimstiftung wächst. Menschen kommen neu hinzu. Der Radius, in dem das Unternehmen tätig ist, wird größer. Wenn neue Mitarbeitende gewonnen werden und angefangen haben, geht es ein zweites Mal darum, sie zu gewinnen. Nämlich dafür, dass sie sich mit den Zielen und Werten der Evangelischen Heimstiftung identifizieren. Dafür aber muss man sie kennen, die Werte. Und zwar möglichst so kompakt, dass sie sich an einer Hand abzählen lassen. Und man sollte diesen Werten ansehen, dass es christliche Werte sind.

Fünf solcher Kernwerte nennen die beiden Aufsichtsratsvorsitzenden, Helmut Mäule und Martin Luscher, für die unternehmerische Praxis: Glaubwürdigkeit, Nächstenliebe, Fürsorge, Zivilcourage und Zuversicht. „Als Christinnen und Christen, als Mitarbeitende in Kirche und Diakonie können wir uns einbringen und für unsere Werte eintreten", so Helmut Mäule. Jedes Unternehmen bedarf der Orientierung. Es bedarf der Kommunikation und der abschließenden Verabredung über die grundlegenden Werte, die für die Heimstiftung Geltung haben sollen. Zugleich warnt Martin Luscher, die Wahrheit des Evangeliums durch die Ausrufung bestimmter Werte einfach zu ersetzen. „Als Christen reden wir von Geboten, die veralten nicht, da kommt Kontinuität ins Spiel". Werte im Unternehmen und Gebote in der Heiligen Schrift bewegen sich auf zwei sehr

Miteinander der Generationen im Karl-Ehmer-Stift, Ingersheim

verschiedenen Ebenen. Sie gehen aber nicht aneinander vorbei. Sie sind vielmehr aufeinander bezogen.

In der biblischen Tradition finden sich Geschichten, die auch im Kontext einer digitalisierten Gesellschaft bedeutsam sind. Beispielhaft erinnert Martin Luscher an die Geschichte von der Fußwaschung (Joh 13,1-15), „wo Jesus aufsteht und umstandslos einfach die Arbeitsschürze anzieht und seinen Jüngern die Füße wäscht". Die sonst üblichen Formen der Herrschaft werden auf den Kopf gestellt. Diakonie ist hier Ausdruck einer Grundhaltung, des Verzichts darauf, sich selbst durchzusetzen. Dagegen steht der Weg der Liebe, des Dienens und des sich in den Dienst Stellens. „Dieses Einfache, dieses unkomplizierte Dasein, auch für einfachste Handreichungen – und zwar ohne Gedöns - das ist Zuwendung, Nächstenliebe".

Wer über Digitalisierung und die vierte industrielle Revolution (AAL-Technik, GPS-Tracker, ALADIEN, mobile Notrufknöpfe uvw.) diskutiert, kann die biblische Erzählung neu hören.

Aus den beschriebenen Werten der Nächstenliebe und Fürsorge lassen sich konkrete Leitsätze entwickeln, durch welche diese werthaltigen Begriffe operativ werden. Mit Experten der Digitalisierung wurde zum Beispiel überlegt, was christliche Werte konkret

„Im Alter Mensch sein, ein Alter mit Würde zu ermöglichen, das ist unsere Verpflichtung".
Seniorenstift Auf den Wäldern, Fichtenau

bedeuten. So heißt es in Ethischen Leitlinien zur Digitalisierung in der Heimstiftung, dass Technik sich „in den Dienst des Menschen" stellen soll. Technik soll den Lebensradius älterer Menschen eher erweitern als ihn einschränken, soll intuitiv nutzbar sein und vor allem die Akzeptanz der Beteiligten finden. Technische Lösungen können und sollen menschliche Zuwendung weder ersetzen noch überflüssig machen. Aber sie ermöglichen im Idealfall, dass jemand für sich Situationen ohne professionelle Unterstützung meistern kann. Helmut Mäule sieht in der Be-Wertung neuer Möglichkeiten eine konsequente, „segensreiche" Strategie. Zum Vorteil und Nutzen für Kunden und zur Sicherung der Zukunftsfähigkeit des Unternehmens und der Belegschaft. Er sieht es als Aufgabe des Aufsichtsrates, „mit Rat und Tat, so wie es der Name sagt, Aufsicht zu führen und raten, Weitsicht zu erzeugen und das Unternehmen für die Zukunft zu rüsten". Zuversicht ist nach vorne orientiert, Zuversicht sieht Zukunft immer zuerst als Chance. „Im Alter Mensch sein, ein Alter mit Würde zu ermöglichen, das ist unsere Verpflichtung".Und Martin Luscher ergänzt: „So wie ich mir das auch für mich wünschen möchte und wie ich es erlebt habe bei meiner Mutter, die Bewohnerin in einer Pflegeeinrichtung der Heimstiftung war". In der täglichen Routine gilt es Platz zu lassen für die Frage, wie wir der Würde des einzelnen alten Menschen unter den jeweiligen Bedingungen so umfassend wie möglich Rechnung tragen. „Die Glaubwürdigkeit ist für einen diakonischen Träger eine fast noch höhere Herausforderung als für andere". Die Wahrnehmung und das Verhalten dem einzelnen alten Menschen gegenüber ist entscheidend für das Gelingen. Der Stil des Arbeitens mit alten Menschen ist die wirksamste Predigt der Diakonie. Diakonie geschieht nicht erst dort, wo ausdrücklich biblisch-theologische oder kirchliche Bezüge hergestellt werden. Sich vom Anderen berühren lassen, Assistenz leisten zur Teilhabe am Leben der Gesell-

Martin Luscher, Dekan i.R., stellvertretender Aufsichtsratsvorsitzender seit 2007

*Helmut Mäule, Geschäftsführer i.R.,
Aufsichtsratsvorsitzender seit 2007*

schaft, im Quartier, darum geht es. Und beide Aufsichtsratsvorsitzende assoziieren mit dem Begriff der Nächstenliebe den Samariter (Lukas 10, 25-37), der ganz offensichtlich das Handwerk des Helfens versteht: hinzugehen zum Zusammengeschlagenen, d.h. Abstand überwinden, Ekelgefühle meistern, Nähe suchen, Öl und Wein auf die Wunden zu gießen. Der Samariter beherrscht Handfertigkeiten und Techniken des Helfens. Er ist in der Lage, mit seinen Grenzen zu leben. Er weiß, dass andere, nämlich der Herbergswirt, ebenfalls nötig sind. Er ist zur Arbeitsteilung fähig und hält sich nicht überall und immer für kompetent. „Er zog zwei Silbergroschen heraus und gab sie dem Wirt" (V. 35). Feste Häuser, stationäre Einrichtungen sind notwendig, damit der Samariter wieder seiner Wege gehen kann und der Zusammengeschlagene die für ihn notwendige länger dauernde Pflege erhalten kann. Die Vergegenwärtigung der Erzählung vom „barmherzigen Samariter" macht deutlich, worum es geht. Erst einmal wahrzunehmen, wer der andere ist. Was Bewohner und Kunden ausmachen, was zu ihrem Leben gehört. Erst dann beginnt der gemeinsame Weg. Menschen sind einmalig – deshalb muss auch das, was die Heimstiftung an Versorgungsangeboten vorhält, dieser Einmaligkeit gerecht werden.

„Die Anpassungsleistung muss von uns kommen" – und beide Aufsichtsratsvorsitzende sind glücklich, dass das in sehr vielen Einrichtungen so gut gelingt. Sie sprechen mit Hochachtung vor der Leistung der Mitarbeitenden. „Die Wahrheit ist, dass da wirklich große Leistungen jeden Tag erbracht werden". Wesentlich für die Evangelische Heimstiftung ist, Mitarbeitenden eine Wertorientierung zu geben, damit klar wird, wofür ihr Arbeitgeber und damit auch sie selbst stehen. Aber auch einer pluralistischen, demokratischen Gesellschaft tut es gut, die Wertefrage zu beleben, um sich darauf zu besinnen, was das Gemeinwesen trägt.

Ob die Menschenwürde geachtet wird, ist keine Geschmacksfrage. Ob alte Menschen arm und ausgeschlossen sind und eben Pech haben oder ob sich die Gemeinschaft für sie mitverantwortlich weiß, ist keine Frage der jeweiligen persönlichen Präferenz. Das ist eine Frage der Moral. Mit der Bibel gilt es eine vielfältige, lebendige und lebenstaugliche Ressource einzubringen. Leidenschaft für das Gute und Zivilcourage ist der Evangelischen Heimstiftung von Antonie Kraut in die Wiege gelegt. „Nimm den Hut ab vor der Vergangenheit und kremple die Ärmel auf für die Zukunft", lautet ein angelsächsisches Sprichwort. Beides gilt es zu tun und das eine nicht über dem anderen zu vergessen.

Anlässlich des 65-jährigen Bestehens der Evangelischen Heimstiftung entstand ein Film, der an die Gründerin erinnert. Wer war diese bemerkenswerte Frau, deren Wirkung nach all den Jahrzehnten noch immer von Bedeutung ist. Zeitzeuge Siegfried Hörrmann gewährt im Gespräch mit Pfarrer Dr. Thomas Mäule einen Einblick in die Anfänge der Evangelischen Heimstiftung und berichtet von seinen Begegnungen mit Fräulein Dr. Antonie Kraut.

Das 9-minütige Video (Kurzversion) aus dem Jahr 2017 finden Sie unter: www.ev-heimstiftung.de/ueber-uns/woher-kommen-wir/ oder scannen Sie den QR-Code

Thomas Mäule im Gespräch mit dem Zeitzeugen Siegfried Hörrmann

Sigrid Bernhardt (*1948)
ehem. juristische Geschäftsführerin
des Diakonischen Werks
Württemberg, ehem. Leiterin der
Kirchenverwaltung der Evangelischen
Kirche in Hessen und Nassau.

Erika Deppe (*1934)
ehem. Sekretärin im Diakonischen
Werk Württemberg.

Siegfried Hörrmann (*1931)
ehem. Geschäftsführer des
Diakonischen Werks Württemberg.

Dorothee Josenhans (*1923 † 2018)
Dr. med., Nichte von Antonie Kraut,
Stieftochter von Gerhard Kraut.

Doris Karpa (*1931)
ehem. Sekretärin des Hauptgeschäftsführers im Diakonischen
Werk Württemberg.

Ralf-Rüdiger Kirchhof (*1956)
Geschäftsführer Evangelische
Heimstiftung.

Max Kraut (*1923)
Dr. jur., Ministerialrat des Landes
Württemberg, Sohn von Antonie
Krauts Bruder Heinrich Kraut.

Ralf Oldendorf (*1958)
Diakon, Prokurist, Geschäftsbereich
Regionen und Markt,
Evangelische Heimstiftung.

Gabriele Salzmann (*1955)
Mitarbeiterin im Referat Controlling,
Evangelische Heimstiftung.

Albert Sting (*1924)
Dr. phil., ehem. Direktor der Karlshöhe, ehem. Mitglied der Mitgliederversammlung der Evangelischen
Heimstiftung.

Hans Ulrich Schaudt (*1930)
Dr. jur., ehem. Mitarbeiter OKR
Stuttgart, ehem. 2. jur. Vorstand im
Diakonischen Werk Württemberg.

Erika Stöffler (*1927)
ehem. Vorsitzende der Evangelischen
Frauenarbeit in Württemberg.

Dorothea Widmann (* 1929)
ehem. Hauptgeschäftsführerin der
Frauenhilfe der Evangelischen
Landeskirche in Württemberg.

Bibliografie

Baehrens, Heike/Wanning, Wolfgang (Für die Dr. Antonie Kraut Stiftung – Stiftung der Diakonie),
Traueranzeige zum Tod von Dr. Antonie Kraut, Archivbestand der EHS.

Collmer, Paul (für das DWW), An die Mitglieder des Diakonischen Werks der ev. Kirche in Württemberg e.V. Stuttgart
16.9.1971, Archivbestand der EHS.

Central-Ausschuss (CA) für die Innere Mission der Deutschen Evangelischen Kirche, Entwurf Memorandum des Central-Ausschusses für die Innere Mission der Deutschen Evangelischen Kirche über Kirche und Staat auf dem Gebiet der Wohlfahrtspflege, 5.6.1950. Archivbestand des Evangelischen Werks für Diakonie und Entwicklung, Berlin, Akte CAW322.

Diakonisches Werk Württemberg, Webseite Geschichte,
http://www.diakonie-wuerttemberg.de/verband/grundlagen/geschichte/nachdemzweitenweltkrieg, [Zugriff am 17.2.2016].
----- 50 Jahre Diakonische Bezirksstellen, 1996, Archivbestand EHS.
----- Presse- und Öffentlichkeitsarbeit, Dr. Antonie Kraut wird 90 Jahre alt, 9.11.1995, Archivbestand EHS.
----- Schriftverkehr Diakonisches Werk Württemberg an Liga der freien Wohlfahrtsliga 7.12.1993, Archivbestand EHS.
----- Satzung des Diakonischen Werks der evangelischen Kirche in Württemberg e.V., LKA Stuttgart L 1, Nr. 3108.
----- Informationsdienst der Diakonie, Nummer 6 – Juni 1995.
----- Personalien, in: Konsequenzen, Zweimonatszeitschrift des Diakonischen Werks der evangelischen Kirche in Württemberg e. V.,
      Heft 4/1971, Archivbestand EHS.
----- „Meine Seele hat nie jemanden interessiert." Heimerziehung in der württembergischen Diakonie bis in die 1970er Jahre,
      Verlag der Evangelischen Gesellschaft Stuttgart 2017

Deppe, Erika, Brief an Doris Karpa-Köhnlein, 26.2.2016, Archivbestand EHS.

Eichholtz, Dietrich, 1991. Die „Krautaktion". Ruhrindustire, Ernährungswissenschaft und Zwangsarbeit 1944.
In: Herbert, Ulrich (Hg.) Europa und der „Reichseinsatz". Ausländische Zivilarbeiter, Kriegsgefangene und KZ-Häftlinge in Deutschland 1938-1945. Klartext, Essen.

Evangelische Frauenarbeit Württemberg, Unsere Geschichte, http://www.frauen-efw.de/ueber-uns/unsere-geschichte/, Zugriff am 18.1.2018.

Evangelische Heimstiftung (Hg.), Aktuelles. Dr. Antonie Kraut wurde 95. Herzlichen Glückwunsch.
Die große alte Dame der Heimstiftung, Aus der Heimstiftung, Dezember 2000, Archivbestand EHS.
------ Vorstandsmitglieder der Evangelischen Heimstiftung e.V. Vereinsregister, Archivbestand EHS.
----- Gründungsversammlung am 15. Februar 1952. Eintragung in das Vereinsregister des Amtsgericht Stuttgart: 21. März 1952,
      Archivbestand EHS.

Bibliografie

----- 1907-2007. 100 Jahre Dr. Dr. Paul Collmer. Festakt im Paul-Collmer-Heim in Stuttgart-Untertürkheim am Samstag,
den 24. November 2007, Archivbestand EHS.
----- Zukunft braucht Vergangenheit, Stuttgart 2002.
----- Vorgeschichte und Entwicklung der Evang. Heimstiftung e.V., Archivbestand EHS.
----- Die Evang. Heimstiftung e.V., Archivbestand EHS.
----- Die Entwicklung der Evang. Heimstiftung e.V. seit der Gründung im Jahr 1952 (Fortsetzung), Archivbestand EHS.
----- Chronologie Familie Kraut, 25. Juni 1985, Archivbestand EHS.
----- Satzung 1952, Archivbestand EHS.
----- Wegweiser, 1973 und 1980, Archivbestand EHS.
----- Lebenslauf von Frau Dr. jur. Antonie Kraut, wohnhaft in Stuttgart, Olgastr. 108, Archivbestand EHS.

Gerstenmaier, Eugen, in: Zum Gedenken an Paul Collmer. 2. März 1907 – 18. April 1979, Evangelisches Verlagswerk, Stuttgart 1979.

Haag, Norbert, Nationalsozialismus, Württembergische Kirchengeschichte Online, https://www.wkgo.de/epochen/nationalsozialismus, Zugriff am 4.1.2018.

Hase, von Christoph, in: Zum Gedenken an Paul Collmer. 2. März 1907 – 18. April 1979, Evangelisches Verlagswerk, Stuttgart 1979.

Hörrmann, Siegfried, Grundsatzreferat anlässlich der Verabschiedung von Frau Maria Schwartz, Geschäftsführerin der Diakonischen Bezirksstelle Reutlingen
am 14. April 1994, Archivbestand EHS.

Karpa-Köhnlein, Doris, Briefverkehr vom 1.3.2016, Archivbestand EHS.

Keller, Herbert, Für Fr. Dr. Antonie Kraut zum 75. Geburtstag, in: EHS (Hg.), Aus der Evangelischen Heimstiftung Nr. 2 Dezember 1980, Stuttgart,
Archivbestand EHS.
------ Überblick über den Stand der Inneren Mission. Von Oberkirchenrat Herbert Keller, LKA Stuttgart L1-2664.
------ Porträt der Woche, in: Evangelisches Gemeindeblatt Nr. 35 / 1971, Archivbestand EHS.

Kraut, Antonie, Antonie (Toni) über sich 1997, Archivbestand EHS.
------ Wie kam es dazu. Erinnerungen an die Gründung und die ersten Jahre der Evang. Heimstiftung 1945, Archivbestand EHS.
----- Einander kennenlernen und gemeinsam handeln. Mariane Kraut, in: Stöffler, Erika (Hg.), Initiativen.
Lebensbilder evangelischer Frauen Stuttgart 1984.
----- Eine Stimme für die Frauen. Zum ersten Mal wird der Mariane Kraut-Frauenförderpreis verliehen. Tageszeitung Nr. 22,
29. Mai 1994, Archivbestand EHS.
----- Bericht der Geschäftsstelle des Landesverbands der Inneren Mission für die Jahre 1966, 1967 und 1968, 4.2.1969,
LKA Stuttgart, L1 – 2663.

----- Die Evang. Frauenarbeit in Deutschland von 1933-1945. Referat gehalten von Dr. Antonie Kraut bei der Jubiläumstagung in Stuttgart am 15. Oktober 1958, Archivbestand EHS.

----- Grußwort von Fr. Dr. Kraut zum 60jährgen Jubiläum der Frauenarbeit der Evang. Landeskirche in Württemberg, am 25.4.1983 in Stuttgart, Hospitalhof, Archivbestand EHS.

----- Wie groß ist die Zahl armer Kinder! Frau Bergrat Wagner, in: Stöffler, Erika (Hg.), Initiativen. Lebensbilder evangelischer Frauen, Stuttgart 1984.

----- D. Dr. Gotthilf Vöhringer - ein Leben für die Wohlfahrtspflege, Stuttgart 1977.

Kraut, Max, Das Haus Olgastraße 108 in Stuttgart. Zu Tante Tonis 90. Geburtstag von ihrem Neffen Max, Archivbestand EHS.

------ Anmerkung zu Foto P1020921 Aufnahme von Heinrich von Kraut, 18.10.2017, Archivbestand EHS.

Liga der freien Wohlfahrtspflege in Baden-Württemberg e.V., Die Liga, http://www.liga-bw.de/die-liga, [Zugriff am 11.9.2017].

Merz, Dietmar, Das Ev. Hilfswerk in Württemberg von 1945 bis 1950, Quellen und Forschungen zur württembergischen Kirchengeschichte, Martin Brecht und Hermann Ehmer (Hg.), Epfendorf 2002.

Ritzi, Karl, Treffen ehemals verantwortlicher Mitarbeiter der Evang. Heimstiftung vom 5.-8.5.1980 im Haus Ottenberg, Kressbronn, in: EHS (Hg.), Aus der Heimstiftung Nr. 2 Dezember 1980, Archivbestand EHS.

Roos, Albrecht, in: Evangelische Heimstiftung GmbH (Hg.), 1907-2007. 100 Jahre Dr. Dr. Paul Collmer. Festakt im Paul-Collmer-Heim in Stuttgart-Untertürkheim am Samstag, den 24. November 2007, Archivbestand EHS.

----- Gedicht zum Abschied von Dr. Antonie Kraut am 1.10.1971 in Degerloch, Archivbestand EHS.

Seidel, Erika, Die Entwicklung der Evangelischen Heimstiftung e.V. seit der Gründung im Jahre 1952, in: EHS (Hg.), Mitarbeiterrundbrief für uns von uns, Juni 1979, Nr. 1, Archivbestand EHS.

Schaudt, Hans-Ulrich, Rede anlässlich Antonie Krauts 80. Geburtstag, Archivbestand EHS.

----- Rückblick: 25 Jahre Diakonisches Werk Württemberg, 2.11.1994, Archivbestand EHS.

Schober, Theodor, Sechs Einfälle angesichts einer Säule. Frau Dr. Antonie Kraut zum 90. Geburtstag, 13.11.1995, Archivbestand EHS.

Schröder, Tilman Matthias, Die Kirche im Königreich 1806 – 1918, https://www.wkgo.de/epochen/knigreich-wrttemberg#article-60-666, Zugriff am 4.1.2018.

Bibliografie

Ströbel, Kurt, Fr. Dr. Kohleiss 75 – Schorndorf, 15.11.1994, Archivbestand EHS.

----- Dank, Glück- und Segenswunsch an Frau Dr. Antonie Kraut, in: EHS (Hg.), Aus der Heimstiftung Nr. 11, November 1985, Archivbestand EHS.

----- Festansprache von Direktor i.R. Kurt Ströbel, in: EHS (Hg.), 40 Jahre Evangelische Heimstiftung e.V. Vorträge und Grußworte.
Festakt 24. Juni 1992, Archivbestand EHS.

----- 40 Jahre Evangelische Heimstiftung, in: EHS (Hg.), Aus der Heimstiftung Nr. 24, Juni 1992, Archivbestand EHS.

Seyfarth, Stefan, in: EHS (Hg.), 1907-2007. 100 Jahre Dr. Dr. Paul Collmer. Festakt im Paul-Collmer-Heim in Stuttgart-Untertürkheim
am Samstag, den 24. November 2007, Archivbestand EHS.

Tattermusch, Walter, in: EHS (Hg.), 1907-2007. 100 Jahre Dr. Dr. Paul Collmer. Festakt im Paul-Collmer-Heim in Stuttgart-Untertürkheim am Samstag,
den 24. November 2007, Archivbestand EHS.

Thiele, Albert (ehem. Referent für Presse- und Öffentlichkeitsarbeit der EHS), Dr. Antonie Kraut wird 90. Gründerin der Evangelischen Heimstiftung, 10.11.1995,
Archivbestand EHS.

----- Presse-Information, Dr. Antonie Kraut gestorben, 20.3.2002, Archivbestand EHS.

----- Verdienstmedaille des Landes Baden-Württemberg für Frau Dr. Kraut, 29.4.1995, Archivbestand EHS.

Wanning, Wolfgang D., in: Evangelische Heimstiftung GmbH (Hg.), 1907-2007. 100 Jahre Dr. Dr. Paul Collmer.
Festakt im Paul-Collmer-Heim in Stuttgart-Untertürkheim am Samstag, den 24. November 2007, Archivbestand EHS.

Wurm, Theophil, Schreiben vom 26.5.1933 an den Bund Evangelischer Frauenvereine Württembergs, in: Kraut, Antonie, Grusswort von Fr. Dr. Kraut zum
60jährigen Jubiläum der Frauenarbeit der Evang. Landeskirche in Württemberg, am 25.4.1983 in Stuttgart, Hospitalhof, Archivbestand EHS.

Abkürzungsverzeichnis

BK	Bekennende Kirche
CA	Central-Ausschuss für die Innere Mission der Deutschen Evangelischen Kirche
DC	Deutsche Christen
DWW	Diakonisches Werk Württemberg
EHS	Evangelische Heimstiftung Stuttgart e.V.
EKD	Evangelische Kirche Deutschland
LKA	Landeskirchliches Archiv Stuttgart
LVIM	Landesverband der Inneren Mission
OKR	Oberkirchenrat
NSV	Nationalsozialistische Volkswohlfahrt

Quellennachweise

Vorbemerkung: Alle Zitate werden unverändert übernommen, ohne gesondert auf etwaige Rechtschreibfehler hinzuweisen.

1   Vgl. Diakonisches Werk Württemberg, Schriftverkehr Diakonisches Werk Württemberg an Liga der freien Wohlfahrtsliga, 7.12.1993.
2   Central-Ausschuss für die Innere Mission der Deutschen Evangelischen Kirche, Entwurf Memorandum des Central-Ausschusses für die Innere Mission der Deutschen Evangelischen Kirche über Kirche und Staat auf dem Gebiet der Wohlfahrtspflege, 5.6.1950, IV. Folgerungen, Absatz 3, S. 4; Fr. Dr. Antonie Kraut war Mitglied im CA und wirkte maßgeblich am Memorandum mit.
3   Schaudt, H. U., Rückblick: 25 Jahre Diakonisches Werk Württemberg, S. 11.
4   Schaudt, H. U., Interview, S. 2, Z. 3 und 4.
5   Kraut, Antonie, Wie kam es dazu. Erinnerungen an die Gründung und die ersten Jahre der Evangelischen Heimstiftung, S. 11.
6   Wanning, Wolfgang D., in: 1907-2007. 100 Jahre Dr. Dr. Paul Collmer. Festakt im Paul-Collmer-Heim in Stuttgart-Untertürkheim am Samstag, den 24. November 2007, S. 10.
7   Theophil Wurm (* 7.12.1868 † 28.1.1953): evangelischer Pfarrer der württembergischen Landeskirche, Kirchenpräsident/ Landesbischof, aktiv in der Bekennenden Kirche, erster Vorsitzender des Rates der EKD (1945 bis 1949).
8   Vgl. Diakonisches Werk Württemberg, 50 Jahre Diakonische Bezirksstellen 1996, S. 1.
9   Keller, Herbert, Für Fr. Dr. Antonie Kraut zum 75. Geburtstag, in: EHS (Hg.), Aus der Evangelischen Heimstiftung Nr. 2 Dezember 1980, S. 4.
10 Dr. rer. pol., Dr. theol. (Ehrendoktor) Paul Collmer (* 2.3.1907 † 18.4.1979): Sozialwissenschaftler, Mittelsmann zwischen „Kreisauer Kreis" und Ausland, Vizepräsident des Hilfswerks EKD, Leiter der Abteilung Sozialpolitik des Ev. Hilfswerks, Vorsitzender des DWW, Gründer und Leiter des Evangelischen Verlagswerks, Geschäftsführer der EHS.
11 Dr. theol. Eugen Gerstenmaier (* 25.8.1906 † 13.3.1986): evangelischer Theologe, aktives Mitglied im Kreisauer Kreis, CDU-Politiker, 1954 bis 1969 amtierender Bundestagspräsident, Gründer des Evangelischen Hilfswerks der EKD.
12 Dr. phil. Gotthilf Vöhringer (* 15.1.1881 † 1.5.1955 in Oberensingen): evangelischer Pfarrer der württembergischen Landeskirche, Vorsitzender der Liga der freien Wohlfahrtspflege in Württemberg und Baden, Geschäftsführer des Landesverbands der Inneren Mission in Württemberg, Mitgründer der EHS.
13 Vgl. Gerstenmaier, Eugen, in: Zum Gedenken an Paul Collmer. 2. März 1907 – 18. April 1979, Stuttgart 1979, S. 38.
14 Seyfarth, Stephan, in: 1907-2007. 100 Jahre Dr. Dr. Paul Collmer. Festakt im Paul-Collmer-Heim in Stuttgart-Untertürkheim am Samstag, den 24. November 2007, S. 50; Vgl. Tattermusch, Walter, in: ebd., S. 26.
15 Vgl. Seyfarth, Stephan, in: ebd., S. 55 und 56.
16 Ebd., S. 46. Gerstenmaier war erst in einem Prozess von Debatten zur Überzeugung gelangt, Hitler notfalls auch zu ermorden. Vgl. ebd., S. 65 und 66.
17 Vgl. ebd., S. 42.
18 Vgl. ebd., S. 52 bis 55.
19 Ebd., S. 72.
20 Vgl. Kraut, Antonie, D. Dr. Gotthilf Vöhringer - ein Leben für die Wohlfahrtspflege, Stuttgart 1977, S. 38.

21   Vgl. Diakonisches Werk Württemberg, „Meine Seele hat nie jemanden interessiert" Heimerziehung in der württembergischen Diakonie bis in die 1970er Jahre Stuttgart 2017, S. 65 und 66.

22   Vgl. ebd., S. 91.

23   Eine detaillierte Studie zur Heimerziehung und den Missbrauchsfällen liegt mit dem Buch „Meine Seele hat nie jemanden interessiert" Heimerziehung in der württembergischen Diakonie bis in die 1970 er Jahre", erschienen 2017 im Verlag der Evangelischen Gesellschaft, Stuttgart, vor.

24   Vgl. Diakonisches Werk Württemberg, Meine Seele, S. 99.

25   Vgl. ebd., S. 97 und 99.

26   Vgl. ebd., S. 73 und S. 145.

27   Collmer und Gerstenmaier hatten sich bereits als junge Männer beim CVJM kennengelernt. Die beiden verband eine lebenslange Freundschaft. Vgl. Seyfahrth, Stefan, Prolog, in: 100 Jahre, S. 37; vgl. Diakonisches Werk Württemberg, 50 Jahre, S. 1.

28   Gerstenmaier, Eugen, in: Gedenken an Paul Collmer, S. 39.

29   Vgl. von Hase, Christoph, in: ebd., S. 11.

30   Roos, Albrecht, in: 100 Jahre, S. 20.

31   Vgl. Diakonisches Werk Württemberg, Webseite Geschichte, http://www.diakonie-wuerttemberg.de/verband/grundlagen/geschichte/nachdemzweitenweltkrieg, Zugriff am 17.2.2016.

32   OKR Wilhelm Pressel (* 22.1.1895 † 24.5.1986): evangelischer Theologe, Vertrauter Theophil Wurms, Leiter des Evangelischen Hilfswerks der Landeskirche Württemberg.

33   Vgl. Merz, Dietmar, Das Ev. Hilfswerk in Württemberg von 1945 bis 1950, S. 25 und 37, 57 und 60.

33   Vgl. Pressestelle Diakonisches Werk Württemberg, 50 Jahre, S. 2.

35   OKR Herbert Keller (* 22.10.1904 † 29.11.1982): Leiter Ev. Hilfswerk Württemberg, Hauptgeschäftsführer der Arbeitsgemeinschaft der diakonischen Werke, stellvertretender Vorsitzende EHS (1952-1980).

36   Kraut, Antonie, Grusswort von Fr. Dr. Kraut zum 60jährigen Jibiläum der Frauenarbeit der Evang. Landeskirche in Württemberg am 25.4.1983 in Stuttgart, Hospitalhof, S. 3.

37   Kraut, Antonie, Antonie (Toni) über sich (1997), S. 11 und 12.

38   Ebd., S. 1.

39   Ebd.

40   Vgl. Kraut, Max, Das Haus Olgastraße 108 in Stuttgart. Zu Tante Tonis 90. Geburtstag von ihrem Neffen Max, S. 2.

41   Kraut, Antonie, Einander kennenlernen und gemeinsam handeln. Mariane Kraut, in: Stöffler, Erika (Hg.), Initiativen. Lebensbilder evangelischer Frauen, Quell Verlag, Stuttgart 1984, S. 145.

42   Vgl. ebd.

43   Vgl. Schaudt, H. U., Rede anlässlich Antonie Krauts 80. Geburtstag, Archivbestand EHS, S. 4.

44   Das Haus steht inzwischen unter Denkmalschutz und wird in der Stuttgarter Liste der Kulturdenkmäler geführt. Vgl. Kraut, Max, Das Haus Olgastraße, S. 3.

Quellennachweise

45 Vgl. ebd., S. 2 und 3.

46 Kraut, Max, Interview, S. 2, Z. 10-13.

47 Vgl. Kraut, Max, Das Haus Olgastraße, S. 3 und 4.

48 Vgl. ebd., S. 4.

49 Kraut, Antonie, Antonie, S. 1 und 2.

50 Vgl. Schröder, Tilman Matthias, Die Kirche im Königreich 1806 – 1918,
    https://www.wkgo.de/epochen/knigreich-wrttemberg#article-60-666, Zugriff am 4.1.2018.

51 Vgl. Kraut, Max, Anmerkung zu Foto P1020921 von Heinrich von Kraut, 18.10.2017.

52 Vgl. Schaudt, H. U., Rede, S. 1.

53 Vgl. Chronologie Familie Kraut 25. Juni 1985, S. 2.

54 Vgl. Kraut, Antonie, Einander kennenlernen, S. 145.

55 Vgl. Kraut, Max, Interview, Z. 10-13.

56 Vgl. Kraut, Antonie, Einander kennenlernen, S. 146.

57 Kraut, Max, Das Haus Olgastraße, S. 8.

58 Kraut, Antonie, Antonie, S. 2.

59 Kraut, Antonie, Einander kennenlernen, S. 146.

60 Vgl. Diakonisches Werk Württemberg, Personalien, in: Konsequenzen, Zweimonatszeitschrift des Diakonischen Werks der
    evangelischen Kirche in Württemberg e. V., Heft 4/1971, S. 44.

61 Vgl. Kraut, Max, Das Haus Olgastraße, S. 9.

62 Vgl. Kraut, Antonie, Antonie, S. 3.

63 Chronologie Familie Kraut, S. 2.

64 Kraut, Antonie, Einander kennenlernen, S. 146.

65 Vgl. Kraut, Antonie, Eine Stimme für die Frauen. Zum ersten Mal wird der Mariane Kraut-Frauenförderpreis verliehen.
    Tageszeitung Nr. 22, 29. Mai 1994, S. 11; unter der Evangelischen Frauenarbeit werden rückblickend verschiedene Institutionen
    bzw. Institutionen mit wechselnden Namen von Frauenwerk, Frauenhilfe und Frauenarbeit gefasst. Weitergehende Informationen
    zur Geschichte der Evangelischen Frauenarbeit finden sich unter: Evangelische Frauenarbeit, Unsere Geschichte,
    http://www.frauen-efw.de/ueber-uns/unsere-geschichte/, Zugriff am 18.1.2018.

66 Kraut, Antonie, Grusswort, S. 2.

67 Zwischen 1921 und 1923 trug die Inflation auch im wohlsituierten Hause Kraut zu finanziellen Schwierigkeiten bei. Antonie
    war musikalisch sehr interessiert, insbesondere das Klavierspiel bereitete ihr Freude. Jede Woche musste Antonie ihren Vater
    fragen, ob sie die Klavierstunde auch zahlen konnten. Vgl. Kraut, Antonie, Antonie, S. 4.

68 Vgl. Kraut, Antonie, Einander kennenlernen, S. 147.

69 Keller, Herbert, Für Fr. Dr. Antonie Kraut zum 75. Geburtstag, S. 3.

70 Kraut, Antonie, Einander kennenlernen, S. 148.

71 Vgl. Eichholtz, Dietrich, 1991. Die „Krautaktion". Ruhrindustrie, Ernährungswissenschaft und Zwangsarbeit 1944. In: Herbert, Ulrich (Hg.) Europa und der „Reichseinsatz". Ausländische Zivilarbeiter, Kriegsgefangene und KZ-Häftlinge in Deutschland 1938-1945. Klartext, Essen, S. 275.

72 Vgl. Kraut, Max, Das Haus Olgastraße, S. 9.

73 Vgl. Kraut, Antonie, Eine Stimme für die Frauen. Zum ersten Mal wird der Mariane Kraut-Frauenförderpreis verliehen. Tageszeitung Nr. 22, 29. Mai 1994, S. 11.

74 Vgl. Kraut, Max, Interview, Z. 19-21.

75 Kraut, Antonie, Bericht der Geschäftsstelle des Landesverbands der Inneren Mission für die Jahre 1966, 1967 und 1968, 4.2.1969, S. 16. LKA Stuttgart, L1 – 2663.

76 Vgl. Kraut, Antonie, Antonie, S. 6.

77 Vgl. Haag, Norbert, Nationalsozialismus, Württembergische Kirchengeschichte, https://www.wkgo.de/epochen/nationalsozialismus, Zugriff am 4.1.2018.

78 Vgl. ebd.

79 Vgl. ebd.

80 Zur damaligen Zeit bedeutete die Anrede einer Frau als „Fr. Dr." häufig, dass sie die Ehefrau eines Mannes mit Doktortitel war. Mit der Anrede „Fräulein Dr. Kraut" war klar, dass es sich um den Doktortitel der Frau handelte, da die Anrede „Fräulein" bezeichnete, dass die Frau ledig war.

81 Vgl. Kraut, Antonie, Grusswort, S. 3.

82 Ebd., S. 2.

83 Vgl. Kraut, Antonie, Die Evang. Frauenarbeit, S. 2.

84 Wurm, Theophil, Schreiben vom 26.5.1933 an den Bund Evangelischer Frauenvereine Württembergs, zit. nach Kraut, Antonie, Grusswort, S. 4.

85 Kraut, Antonie, Antonie, S. 7.

86 Vgl. Kraut, Antonie, Die Evang. Frauenarbeit in Deutschland von 1933-1945, S. 2.

87 Vgl. ebd.

88 Ebd., S. 4.

89 Vgl. ebd., S. 2.

90 Kraut, Mariane, Schreiben am 6.8.1934 an Theophil Wurm, zit. nach Kraut, Antonie, Grusswort, S. 5.

91 Siehe z.B. auch Kraut, Antonie, Die Evang. Frauenarbeit, S. 4.

92 Vgl. Kraut, Antonie, Eine Stimme für die Frauen, S. 11.

93 Kraut, Antonie, Die Evang. Frauenarbeit, S. 6.

94 Vgl. Kraut, Max, Das Haus Olgastraße, S. 9.

95 Vgl. Kraut, Antonie, Antonie, S. 8 und EHS (Hg.), Frau Dr. Antonie Kraut, S. 2.

Quellennachweise

96 Vgl. Schaudt, H. U., Rede, S. 4. Aufgrund dessen könnte sie rückblickend als Verfechterin der feministischen
    Bewegung erscheinen. Eine solche Eingrenzung liegt zwar nahe, würde Antonie Kraut aber nicht gerecht werden. Vielmehr ging
    es ihr wie einst der Gründerin der Evangelischen Frauenarbeit, Fr. Bergrat Wagner, vornehmlich darum, aus ihrer christlichen
    Verantwortung heraus direkte Hilfe zu leisten. Vgl. Widmann, Dorothea, Interview, S. 5, Z. 39; Siehe auch Kraut, Antonie,
    Wie groß ist die Zahl armer Kinder! Frau Bergrat Wagner, in: Stöffler, Erika (Hg.), Initiativen. Lebensbilder evangelischer Frauen
    1984 Stuttgart.
97 Kraut, Antonie, Antonie S. 9.
98 Schaudt, H. U., Interview, S.3, 7. 10-12.
99 Kraut, Antonie, Antonie S. 10.
100 Vgl. Diakonisches Werk Württemberg, Informationsdienste der Diakonie, Nummer 6 – Juni 1995, S. 5; vgl. EHS, Lebenslauf
    von Frau Dr. jur. Antonie Kraut, S. 3.
101 Diakonisches Werk Württemberg, Personalien, S. 44.
102 Vgl. Karpa-Köhnlein, Doris, Frau Dr. Antonie Kraut, 5.12.1990.
103 Schaudt, H. U., Rede, S. 3.
104 Vgl. Kraut, Antonie, Ein Leben für die Wohlfahrtspflege, S. 55 und 56.
105 Vgl. ebd., S. 56.
106 Liga der freien Wohlfahrtspflege in Baden-Württemberg e.V., http://www.liga-bw.de/die-liga, Zugriff am 11.9.2017.
107 Thiele, Albert, Dr. Antonie Kraut wird 90. Gründerin der Evangelischen Heimstiftung, 10.11.1995.
108 Vgl. Kraut, Antonie, Ein Leben für die Wohlfahrtspflege, S. 60.
109 Vgl. Karpa-Köhnlein, Doris, Fr. Dr. Antonie Kraut, 5.12.1990.
110 Keller, Herbert, Für Fr. Dr. Antonie Kraut zum 75. Geburtstag, S. 6.
111 OKR Albrecht Roos (* 22.03.1929 † 1.09.2008): Hauptgeschäftsführer des Diakonischen Werks Württemberg.
112 Vgl. Karpa-Köhnlein, Doris, Briefverkehr mit Siegfied Hörrmann, 1.3.2016.
113 Ebd.
114 Vgl. Schober, Theodor, Sechs Einfälle angesichts einer Säule. Frau Dr. Antonie Kraut zum 90. Geburtstag, 13.11.1995, S. 1.
115 Vgl. Schaudt, Hans-Ulrich, Rede, S. 3.
116 Schober, Theodor, Sechs Einfälle, S. 1.
117 Keller, Herbert, Porträt der Woche, 1971.
118 Vgl. Interview RRK, S. 3, Z. 33 und 34: „Wenn sie ihre Stimme erhob, und etwas sagte, hatte das Gewicht.
    Obwohl sie leise gesprochen hat in meiner Erinnerung."
119 Vgl. Keller, Herbert, Überblick über den Stand der Inneren Mission, S. 1.
120 Vgl. Kraut, Antonie, Ein Leben für die Wohlfahrtspflege, S. 60.
121 Vgl. Diakonisches Werk Württemberg, Webseite Geschichte.
122 Vgl. Keller, Herbert, Überblick, S. 1.
123 Kraut, Antonie, Wie kam es dazu, S. 11.

124   Vgl. Karpa-Köhnlein, Doris, Briefverkehr vom 1.3.2016, S. 1.

125   Kraut, Antonie, Antonie, S. 10.

126   Kraut, Antonie, Wie kam es dazu, S. 12.

127   Vgl. ebd.

128   Vgl. Seidel, Erika, Die Entwicklung der Evang. Heimstiftung seit der Gründung im Jahr 1952, S. 2.

129   EHS Satzung, §1.

130   Vgl. Kraut, Antonie, Wie kam es dazu, S. 12; vgl. EHS, Gründungsversammlung am 15. Februar 1952.
       Eintragung in das Vereinsregister des Amtsgericht Stuttgart: 21. März 1952.

131   Vgl. Seidel, Erika, Die Entwicklung der Evangelischen Heimstiftung e.V., S. 3; die Einrichtungen waren in Blaubeuren
       (Alten- und Pflegeheim), Dettingen (Alten- und Pflegeheim), Gaildorf (Alten- und Pflegeheim), Honau (Erholungsheim),
       Kirchberg/Jagst (Alten- und Pflegeheim, Freizeit- und Gästeheim), Klein-Ingersheim (Kinderkrankenhaus),
       Kloster Lorch (Altenheim), Leinfelder Hof (Altenheim), Ludwigsburg (Alten- und Wohnheim, Männerheim),
       Burg Lichtenberg (Landheim für Jugendliche), Rudersberg (Altenheim), Winnenden (Altenheim), Vgl. EHS (Hg.),
       Zukunft braucht Vergangenheit, S. 14.

132   Vgl. EHS (Hg.), Wegweiser, 1973 und 1980.

133   Vgl. EHS (Hg.), Die Evang. Heimstiftung e.V., S. 1; Vgl. Seidel, Erika, Die Entwicklung der Evang. Heimstiftung e.V., S. 5 und 6.

134   Ebd., S. 3.

135   Vgl. EHS (Hg.), Die Evang. Heimstiftung e.V., S. 6.

136   Vgl. ebd., vgl. Seidel, Erika, Die Entwicklung der Evang. Heimstiftung e.V., S. 5.

137   Vgl. EHS (Hg.), Vorgeschichte und Entwicklung der Evang. Heimstiftung e.V., S. 3.

138   Vgl. Kraut, Antonie, Antonie, S. 10.

139   Deppe, Erika, Brief an Doris Karpa-Köhnlein, 26.2.2016.

140   Diakonisches Werk Württemberg, Presse- und Öffentlichkeitsarbeit, Dr. Antonie Kraut wird 90 Jahre alt, 9.11.1995.

141   Vgl. Diakonisches Werk Württemberg, Informationsdienste, S. 5.

142   Vgl. Deppe, Erika, Brief.

143   Ritzi, Karl, Treffen ehemals verantwortlicher Mitarbeiter der Evang. Heimstiftung vom 5.- 8.5.1980 im Haus Ottenberg,
       Kressbronn, in: EHS (Hg.), Aus der Heimstiftung Nr. 2 Dezember 1980, S. 17.

144   Vgl. Karpa-Köhnlein, Doris, Briefverkehr vom 1.3.2016.

145   Ströbel, Kurt, Festansprache von Direktor i.R. Kurt Ströbel, in: EHS (Hg.), 40 Jahre Evangelische Heimstiftung e.V. Vorträge
       und Grußworte. Festakt 24. Juni 1992, S. 7.

146   Ströbel, Kurt, 40 Jahre Evangelische Heimstiftung, in: EHS (Hg.), Aus der Heimstiftung Nr. 24, Juni 1992, S. 9.

147   Vgl. Schaudt, H. U., Rückblick, S. 2; Diakonisches Werk Württemberg, Dr. Antonie Kraut wird 90 Jahre alt, 9.11.1995.

148   Schaudt, H. U., S. 3, Z. 32-34 und S. 4, 1-17.

149   Schaudt, H. U., Rückblick S. 4.

Quellennachweise

150 Hörrmann, Siegfried, Grundsatzreferat anlässlich der Verabschiedung von Frau Maria Schwartz, Geschäftsführerin der Diakonischen Bezirksstelle Reutlingen am 14. April 1994, S. 3.

151 Diakonisches Werk Württemberg, Satzung des Diakonischen Werks der evangelischen Kirche in Württemberg e.V., LKA, L1 3108, S. 1.

152 Collmer, Paul (für das DWW), An die Mitglieder des Diakonischen Werks der ev. Kirche in Württemberg e.V. Stuttgart 16.9.1971, S. 2.

153 Vgl. Diakonisches Werk Württemberg, Personalien, S. 44.

154 Roos, Albrecht, Gedicht zum Abschied von Dr. Antonie Kraut am 1.10.1971 in Degerloch.

155 Kraut, Antonie, Antonie, S. 11.

156 Kirchhof, R.-R., Interview, S. 3, Z. 31-33.

157 Vgl. EHS, Vorstandsmitglieder der Evangelischen Heimstiftung e.V. Vereinsregister; Vgl. Ströbel, Kurt, Fr. Dr. Kohleiss 75 – Schorndorf, 15.11.1994, S. 2.

158 Vgl. Schaudt, Hans Ulrich, Rede anlässlich Antonie Krauts 80. Geburtstag, Privatbestand Siegfried Hörrmann, S. 2.

159 Ströbel, Kurt, Dank, Glück- und Segenswunsch an Frau Dr. Antonie Kraut, S. 5.

160 Diakonisches Werk Württemberg, Schriftverkehr Diakonisches Werk Württemberg an Liga der freien Wohlfahrtspflege, 7.12.1993.

161 Vgl. ebd.; Vgl. EHS (Hg.), Aktuelles. Dr. Antonie Kraut wurde 95, S. 17.

162 Thiele, Albert, Presse-Information. Dr. Antonie Kraut gestorben, 20.3.2002.

163 Keller, Herbert, Porträt der Woche, in: Evangelisches Gemeindeblatt Nr. 35 / 1971.

164 Thiele, Albert, Verdienstmedaille des Landes Baden-Württemberg für Frau Dr. Kraut, 29.4.1995.

165 EHS (Hg.), Aktuelles, S. 17.

166 Kirchhof, R.-R., Interview, S. 2, Z. 23-26.

167 Vgl. Diakonisches Werk Württemberg, Presse-Information. Dr. Antonie Kraut wird 95 Jahre alt, 9.11.2000.

168 Vgl. Thiele, Albert, Presse-Information.

169 Baehrens, Heike/ Wanning, Wolfgang (Für die Dr. Antonie Kraut Stiftung – Stiftung der Diakonie), Traueranzeige zum Tod von Dr. Antonie Kraut.

170 Brief Fr. Erika Deppe an Doris Karpa, 26.2.2016.

Bildnachweise

Cover: shutterstock_92999509
Autorin: Teresa Kaya, privat
Autor: Thomas Mäule, Evangelische Heimstiftung

Teil 1

1. Jedem Ende wohnt ein Anfang inne

„Das zerstörte Stuttgart nach Kriegsende"
Landeskirchliches Archiv Stuttgart

„Bedürftige auf den Straßen Stuttgarts"
Landeskirchliches Archiv Stuttgart

„Theophil Wurm"
Landeskirchliches Archiv Stuttgart

„Paul Collmer"
Archivbestand Evangelische Heimstiftung

„Eugen Gerstenmeier"
Quelle unbekannt

„Gotthilf Vöhringer"
Landeskirchliches Archiv Stuttgart

„Flüchtlingsfamilie aus Ostpreußen auf ihrem Treck durch Württemberg"
„Ankunft ins Ungewisse: Die ersten Eisenbahnzüge trafen Ende Oktober 1945 im Stuttgarter Bahnhof ein"
„Flüchtlingsbaracke im Lager Schlotwiese in Zuffenhausen"
„Vor der Aufnahme im Flüchtlingslager wurden die Ankömmlinge entlaust"
„Heimschule Kleinglattbach (1946-1948). Zwei Buben beim Malzbrotessen"
„Flüchtlingsbub Theophil in Kleinglattbach"
alle Fotos: Landeskirchliches Archiv Stuttgart

„Wilhelm Pressel"
Landeskirchliches Archiv Stuttgart

„Herbert Keller"
Archivbestand Evangelische Heimstiftung

2. Familienbande

„Antonie Kraut im Kindesalter"
Privatbestand Max Kraut

„Die Eltern Mariane und Heinrich Kraut in jungen Jahren"
Privatbestand Max Kraut

„Die Großeltern mütterlicherseits: Antonie und Max Leipheimer"
Privatbestand Max Kraut
„Das Haus der Familie Kraut in der Olgastraße 108, Stuttgart mit dem Geißhirtlebaum"
Privatbestand Max Kraut

„Antonie Kraut mit ihrem jüngeren Bruder Gerhard Kraut"
Privatbestand Max Kraut

„Die Eltern Mariane und Heinrich Kraut"
Privatbestand Max Kraut

„Antonie Kraut (dritte v. l., obere Reihe) mit ihrer Schulklasse"
Privatbestand Max Kraut

„Antonie Kraut und ihre Mutter Mariane nach dem Gottesdienstbesuch"
Privatbestand Max Kraut

„Die Mutter Mariane Kraut"
Privatbestand Max Kraut

Bildnachweise

„Antonie Kraut vor einem Bildnis ihrer Mutter Mariane Kraut als junges Mädchen"
Privatbestand Max Kraut

„Antonie Kraut mit ihren beiden Brüdern Gerhard und Heinrich Kraut"
Privatbestand Max Kraut

3. Beruf(ung):
Engagement in der Evangelischen Landeskirche in Württemberg

„Antonie Kraut (in der Mitte, obere Reihe) als Schülerin der
Wirtschaftlichen Frauenschule"
Privatbestand Max Kraut

„Titelseite der Doktorarbeit von Antonie Kraut aus dem Jahr 1934"
Archivbestand Evangelische Heimstiftung

„Antonie Kraut in jungen Jahren"
Landeskirchliches Archiv Stuttgart

„Verteilung von Kleiderspenden an eine Flüchtlingsfamilie"
Landeskirchliches Archiv Stuttgart

„Die Geschäftsstelle der Inneren Mission in der Reinsburgstraße"
Landeskirchliches Archiv Stuttgart

„mit den Büroräumen"
Landeskirchliches Archiv Stuttgart

„Evangelisches Hilfswerk und Innere Mission unter einem Dach"
Landeskirchliches Archiv Stuttgart

„Im Speisesaal des Flüchtlingsaltersheims Ludwigsburg"
Landeskirchliches Archiv Stuttgart

4. Die Krönung des (Arbeits-)lebens
von Antonie Kraut durch die Gründung der Evangelischen Heimstiftung

„Antonie Kraut im Jahr 1984"
Privatbestand Max Kraut

„Die Urkunde der Gründungsversammlung aus dem Jahr 1952"
Archivbestand Evangelische Heimstiftung

„Die Satzung des neu gegründeten Vereins Evangelische Heimstiftung e.V."
Archivbestand Evangelische Heimstiftung

„Antonie Kraut im Gespräch mit einer Diakonisse"
Archivbestand Evangelische Heimstiftung

Einrichtungen der EHS 1952-1985
Archivbestand Evangelische Heimstiftung

„Kurt Ströbel"
Landeskirchliches Archiv Stuttgart

„Gedicht von OKR Roos anlässlich des Abschieds von Antonie Kraut im
Jahr 1971"
Archivbestand Evangelische Heimstiftung

„Antonie Kraut mit Kurt Ströbel"
Landeskirchliches Archiv Stuttgart

„Antonie Kraut bei der Verleihung der Verdienstmedaille des Landes
Baden-Württemberg durch den damaligen Ministerpräsidenten Erwin Teufel"
Archivbestand Evangelische Heimstiftung

„Antonie Kraut um 1980"
Archivbestand Evangelische Heimstiftung

Impressum

Bibliografische Information der Deutschen Bibliothek:
Die Deutsche Bibliothek verzeichnet diese Publikation in der Deutschen
Nationalbibliografie; detaillierte bibliografische Daten sind im Internet über
http://dnb.ddb.de abrufbar

Copyright © 2018, Evangelische Heimstiftung GmbH,
Hackstraße 12, 70190 Stuttgart
Verlag: Verlag und Buchhandlung der Evangelischen Gesellschaft GmbH,
Stuttgart, Augustenstr. 124, 70197 Stuttgart,
Telefon 0711 60100 0, Fax 0711 60 100 76
www.verlag-eva.de

Gestaltung: Simone Lacina, Grafikdesign & Illustrationen,
www.grafikdesign-lacina.de

ISBN 978-3-945369-72-2

„Helfen, wo geholfen werden muss." Mutig sein, hinsehen, sich einmischen, für Hilfebedürftige eintreten – das ist Antonie Kraut. Eine Stuttgarter Pionierin und Gründerin der Evangelischen Heimstiftung. „Helfen, wo geholfen werden muss." Mutig sein, hinsehen, sich einmischen, für Hilfebedürftige eintreten – das ist Antonie Kraut. Eine Stuttgarter Pionierin und Gründerin der Evangelischen Heimstiftung. „Helfen, wo geholfen werden muss." Mutig sein, hinsehen, sich einmischen, für Hilfebedürftige eintreten – das ist Antonie Kraut. Eine Stuttgarter Pionierin und Gründerin der Evangelischen Heimstiftung. „Helfen, wo geholfen werden muss." Mutig sein, hinsehen, sich einmischen, für Hilfebedürftige eintreten – das ist Antonie Kraut. Eine Stuttgarter Pionierin und Gründerin der Evangelischen Heimstiftung. „Helfen, wo geholfen werden muss." Mutig sein, hinsehen, sich einmischen, für Hilfebedürftige eintreten – das ist Antonie Kraut. Eine Stuttgarter Pionierin und Gründerin der Evangelischen Heimstiftung. „Helfen, wo geholfen werden muss." Mutig sein, hinsehen, sich einmischen, für Hilfebedürftige eintreten – das ist Antonie Kraut. Eine Stuttgarter Pionierin und Gründerin der Evangelischen Heimstiftung. „Helfen, wo geholfen werden muss." Mutig sein, hinsehen, sich einmischen, für Hilfebedürftige eintreten – das ist Antonie Kraut. Eine Stuttgarter Pionierin und Gründerin der Evangelischen Heimstiftung. „Helfen, wo geholfen werden muss." Mutig sein, hinsehen, sich einmischen, für Hilfebedürftige eintreten – das ist Antonie Kraut. Eine Stuttgarter Pionierin und Gründerin der Evangelischen Heimstiftung. „Helfen, wo geholfen werden muss." Mutig sein, hinsehen, sich einmischen, für Hilfebedürftige eintreten – das ist Antonie Kraut. Eine Stuttgarter Pionierin und Gründerin der Evangelischen Heimstiftung. „Helfen, wo geholfen werden muss." Mutig sein, hinsehen, sich einmischen, für Hilfebedürftige eintreten – das ist Antonie Kraut. Eine Stuttgarter Pionierin und Gründerin der Evangelischen Heimstiftung. „Helfen, wo geholfen werden muss." Mutig sein, hinsehen, sich einmischen, für Hilfebedürftige eintreten – das ist Antonie Kraut. Eine Stuttgarter Pionierin und Gründerin der Evangelischen Heimstiftung. „Helfen, wo geholfen werden muss." Mutig sein, hinsehen, sich einmischen, für Hilfebedürftige eintreten – das ist Antonie Kraut. Eine Stuttgarter Pionierin und Gründerin der Evangelischen Heimstiftung. „Helfen, wo geholfen werden muss." Mutig sein, hinsehen, sich einmischen, für Hilfebedürftige eintreten – das ist Antonie Kraut. Eine Stuttgarter Pionierin und Gründerin der Evangelischen Heimstiftung. „Helfen, wo geholfen werden muss." Mutig sein, hinsehen, sich einmischen, für Hilfebedürftige eintreten – das ist Antonie Kraut. Eine Stuttgarter Pionierin und Gründerin der Evangelischen Heimstiftung. „Helfen, wo geholfen werden muss." Mutig sein, hinsehen, sich einmischen, für Hilfebedürftige eintreten – das ist Antonie Kraut. Eine Stuttgarter Pionierin und Gründerin der Evangelischen Heimstiftung. „Helfen, wo geholfen werden muss." Mutig sein, hinsehen, sich einmischen, für Hilfebedürftige eintreten – das ist Antonie Kraut. Eine Stuttgarter Pionierin und Gründerin der Evangelischen Heimstiftung. „Helfen, wo geholfen werden muss." Mutig sein, hinsehen, sich einmischen, für Hilfebedürftige eintreten – das ist Antonie Kraut. Eine Stuttgarter Pionierin und Gründerin der Evangelischen Heimstiftung. „Helfen, wo geholfen werden muss." Mutig sein, hinsehen, sich einmischen, für Hilfebedürftige eintreten – das ist Antonie Kraut. Eine Stuttgarter Pionierin und Gründerin der Evangelischen Heimstiftung. „Helfen, wo geholfen werden muss." Mutig sein, hinsehen, sich einmischen, für Hilfebedürftige eintreten – das ist Antonie Kraut. Eine Stuttgarter Pionierin und Gründerin der Evangelischen Heimstiftung. „Helfen, wo geholfen werden muss." Mutig sein, hinsehen, sich einmischen, für Hilfebedürftige eintreten – das ist Antonie Kraut. Eine Stuttgarter Pionierin